Max Bauer

Unter Rothgekreuzten Standarten im Felde und Daheim

Jubilaums-Erinnerungen an Kriegsfahrten 1870-71

Max Bauer

Unter Rothgekreuzten Standarten im Felde und Daheim
Jubilaums-Erinnerungen an Kriegsfahrten 1870-71

ISBN/EAN: 9783744618342

Hergestellt in Europa, USA, Kanada, Australien, Japan

Cover: Foto ©ninafisch / pixelio.de

Weitere Bücher finden Sie auf www.hansebooks.com

Unter Rothgekreuzten Standarten

im Felde und Daheim.

Jubiläums-Erinnerungen

an Kriegsfahrten 1870—71.

Von

Dr. jur. Max Bauer

z. 3. des französischen Krieges: Delegirter der Maas-Armee,
Mitglied des Vorstandes des Vaterländischen Frauen-Vereins etc.

Berlin W.
Verlag von Rosenbaum & Hart.
1895.

Seiner Majestät

Dem Könige Albert von Sachsen

dem ruhmreichen Führer der Maas-Armee

im Feldzuge 1870–71

in Ehrerbietung unterthänigst

Der Verfasser.

Es ist ein kleines, aber inhaltsreiches Herbarium getrockneter Blüthen, — zumeist von jenseits der Vogesen — das ich dem Leser vorlege!.. Fünfundzwanzig Jahre habe ich sie sorgfältig behütet, diese Angedenken an die großen Tage des Stolzes und Erfolges deutscher Kraft, Ehre und Manneszucht auf französischem Boden, — diese Erinnerungen an die bedeutsamsten Erfahrungen meines eigenen Lebens ... Tact, Feingefühl, Discretion haben mich gelehrt, manchen Originalbrief beweiskräftiger Beglaubigungen der wundersamsten Erlebnisse der Kriegsfahrten eines Civilisten nur im gedrängt-nüchternen Auszug zu geben ... bleibt doch noch genug bisher Ungedrucktes, Unausgesprochenes übrig, das an die Tage unserer Begeisterung mahnt, sympathisch anklingen und überraschen wird, als ein Jubiläumsgruß nach fünfundzwanzig Jahren!

.. Man wird — so hoffe ich — bald erkennen, daß diese getrockneten Blüthen natürliche, nicht gemachte Blumen sind, daß sie ihre Farbe voll und ganz erhalten haben — ihr Duft ist freilich geschwunden! Und wie berauschend war dieser Duft doch gerade! .. Aber — wunderbar genug — sobald eine Thräne der Erinnerung oder gar der Sonnenschein hinreißender

Begeisterung, ein Sonnenstrahl des Humors auf diese trockenen Blüthen fällt, in deren Glanz und Herzenswärme unser Aller Leben damals kulminirte, — dann duften die Blumen von Neuem mit unwiderstehlichem Reiz!...

Und in diesem Reiz, der von keiner alltäglichen und ent= nüchternden Prosa bestritten, ebenso wenig von einer falschen Sentimentalität verwässert, am wenigsten von dem Hauche irgend welcher literarischen Prätension verunziert werden soll — in diesem Reiz liegt die ethische Berechtigung der Belebung meines kleinen Herbariums!...

Vielleicht darf ich hinzufügen, daß ein gesundes patriotisches Empfinden es mich gar oft schmerzlich durchfühlen läßt, wie schnell und scharf die Konturen der großen Züge jener 1870er und 71er Bilder verblassen im nivellirenden Gehetztsein unserer heißathmigen Tage und daß es Dem, der — wie ich — mitten im Rahmen jener weltgeschichtlichen Szenerie stand, wohl zu verzeihen ist, wenn er den Wunsch hat, für die kleinen, aber characteristischen Arabesken am Rande der historischen Gemälde ein bescheiden' Plätzchen zu finden! Sind sie doch die Schling= pflanzen am Eichenstamm, auf dem die lorbeerbekränzte Urne mit der Asche steht! Sie grünen immer wieder und wieder, und herzenswarme, verständnißinnige Menschen, die mit tief gezogenem Hut vor der Urne stehen, mögen sich hie und da ein frisches Blatt abpflücken und in das Album legen, auf dem ein Eichenkranz und das „Rothe Kreuz" der Genfer Konvention gepaart und zwar mit Blut gezeichnet stehen!....

... Unter ganz exzeptionellen Vorbedingungen und Ver= hältnissen ward mir der Vorzug zu Theil, während des fran= zösischen Krieges über acht Monate in Frankreich zu wirken. Ueber die Jahre hinaus, die mir die Ehre gegönnt hätten, in des Königs Rock den Truppen zu folgen, suchte und fand ich in den vielgestaltigen Zwecken und Zielen der praktischen Humani= tät und im Vertrauen zweier Provinzen einen Ankergrund und ein Fahrwasser, wie es sich meine kühnsten Träume humanitärer

Eigenart des „Civilisten im Feldzuge" kaum umfassender je gemalt hätten! Das ganz besondere Vertrauen von etwa achthundert Damen, die ich für die eigenartige und selbstständige Form einer neuen, in direkter Weise eintretenden werkthätigen Opferbereitschaft für die kämpfenden Truppen, nicht allein für die Verwundeten, interessirt hatte, stellte mich durch ganz außergewöhnliche Mit- und achtmalige Nachsendungen imponirend werthvoller Liebesgaben auf ein Piedestal, für das meine leiblich geprüfte Elastizität wohl stets, mein bescheidenes Wissen und Können nur selten ausreichten! . . . . Aber dem Muthigen hilft Gott — und so war ich schon Mitte September, durch die ausgesuchteste Liebenswürdigkeit hochstehender Offiziere und Eisenbahndirektoren, einflußreicher Träger der rothgekreuzten Standarten und durch eine Protection, die dem Throne nahe stand, durch manch glückliches Ungefähr eigener Kraft-Verwerthung im wechselvollen Kampf ums Dasein mitten im Krystallisationspunkt einer Liebesonkel-Thätigkeit, wie sie meinen extravagantesten Hoffnungen und Wünschen nur entsprechen konnte! Die Solidität der Basis meines ziemlich eigenmächtigen Vorgehens hat man zu meiner Genugthuung zwar spät — aber um so liebenswürdiger — anerkannt. . . .

Die etwas abenteuerlichen Force-Touren eines nicht immer und nicht überall ganz vorurtheilsfreien Dilettantismus und „Sports" mit den ernsten und verantwortlichen Forderungen des Dienstes des „Rothen Kreuzes" und der militärischen Disziplin waren bald überwunden. Ich habe die ernsten Wander- und die Lehrjahre jener Metamorphose mitgemacht, aus der nicht allzuviel Schmetterlinge dem Raupenthum entkrochen — gar Viele verpuppten sich oder flatterten heimwärts. Erst, als es mir vergönnt war, als anspruchsloses Mitglied in einem Generalkommando — getragen von der entzückendsten Herzensgüte und Feinfühligkeit des Kommandeurs und seiner ebenso hochintelligenten, als liebenswürdigen Offiziere, — „als eine in das Gesetz der freiwilligen Krankenpflege im Felde hineingeschobene Satzung", — wie Kronprinz Friedrich Wilhelm einst meine Thätigkeit kennzeichnete — meine eigenen selbstständigen Pfade zu gehen, . . . da begriff ich vollends den etwas burschikosen und karnevalistischen Charakter meiner **anfänglichen** Inszenirungen und wurde der erste Vorkämpfer für eine in militärische Disziplin und nach militärischen Gesetzen sich fügende Organisation derjenigen Arbeit des Civilisten im Felde, die Zeit, Geld, Kraft, Nerven und Leben über die Perspektive des Amateurs und Touristen hinaus dem Riesenwerk opfern kann, soll und will! Da ist es mit Redensarten und gutem Willen nicht gethan. Vor dem Hauch der Dyssenterie und Pockenlazarethe schwindet der letzte Zauber phantastischer Romantik, die etwa mit Lackstiefeln und Glacéehandschuhen ins Feld tritt, um einen interessanten „Sport" zu treiben . . . Der Jäger in Wallensteins Lager bläst doch die einzig richtige Melodie: „Und setzet Ihr nicht das Leben ein, wie wird Euch das Leben gewonnen sein! . . ."

Meine, von höchstkommandirender Stelle mir gewährleistete Position, die zuletzt in fast fünfmonatlicher Wirksamkeit an ein und demselben Orte die heterogensten — und doch kaleidoskopisch sich wieder in einen Brennpunkt zusammendrängenden Gesichtspunkte freiwilliger Hülfsthätigkeit umfaßte, — gipfelte neben der Leitung eines in großartigen Dimensionen angelegten, aus Deutschland acht Mal aufs Neue vervollständigten Depôts und in der Mitbeaufsichtigung von sechs Lazarethen, in einer Form literarischer Arbeiten, wie sie nur der Krieg bedingen, zeitigen — und entschuldigen kann . . . Die Bevorzugung zu diesen lag wahrlich ungleich weniger in irgend einem etwaigen Verdienst oder Talent meinerseits, als in der entgegenkommenden Güte hochgestellter Führer, denen die ungekünstelte und ungeschmückte Frische der Auffassung und des Stils eines Vertrauenswürdigen mundgerecht schien gegenüber manch bombastischer Aufbauschung, die deutsches Zeitungspapier zu jener Zeit brachte. So wurden in den Zimmern und Vorzimmern Höchstkommandirender, —

auch in Versailles, Ferrières, Margency u. a. O. im Sattel
und auf der Trommel, auf Vorposten Nachts an der Seine,
auf der Lazarethnachtwache und in den Batterien vor St.
Denis — ja, schließlich auch wohl nassen Auges am Grabe manches
theuren Todten, dem man das schwarze Stückchen Eisen auf
die Brust und kaum ein Stückchen schwarzes Holz auf den
Hügel legen konnte — Artikel, Skizzen, Briefe, Feuilletons
und Notizen geschrieben, die unter dem Titel „Von der Maas-
Armee" und „Civil im Kriege", weit über Verdienst und
Würdigkeit vor fünfundzwanzig Jahren bereits Freunde und
Leser fanden! . . . Es war eben das Parfum, in dem sie ver-
faßt waren, — das Parfum, das allzeit die Schriftzüge aus-
hauchten, bei deren unakademischer Fassung Feinfühlige sich
doch ab und zu das Herzblut aus den Augen wischten! . . .
Und es kam und kommt noch Eins hinzu. Mir — dem Civilisten,
dem Beobachter am stillen Kaminwinkel, — war der kuriose
Nachbar jenseits der Vogesen niemals so ganz der „Feind" —
mir war er „der hochinteressante, phychologisch oft räthselhafte,
zuweilen in seinen Grimassen kindische, aber immer fesselnde
Akteur!" . . . Ich trat auch zu den Franzosen, die bis zum
April 1871 mit meiner Thätigkeit in irgend eine wärmere
Beziehung kamen, in ein ganz anderes, ungleich näheres Verhältniß, als meine Landsleute in Uniform. Es ist das auch
wohl nur natürlich! „Monsieur le docteur" im blauen,
unscheinbaren Civilüberrock, ohne Waffe, die rothgekreuzte Binde
um den Arm, leidlich französisch parlirend und — vergessen wir
das ja nicht — stets mit offener Hand für jeden Bedrängten
(— und deren Zahl war Legion, im Feindeslager häufig mehr, als
bei uns —) war „un Prussien aimable", d. h. ein weißer
Rabe! Wir werden zum Beleg hierfür auf pikante Histörchen
stoßen, und ich danke dieser Thatsache die vielleicht interessantesten
Kapitel meiner ungedruckten Reminiszenzen. Auch möchte ich
an dieser Stelle gleich das wunderliche, aber fast allerwärts
bethätigte Vorkommniß erwähnen, daß der heimische Soldat

dem, ihm ein paar Mal freundwillig und opferbereit gegen=
übertretenden Liebes=Onkel ein ungleich größeres Vertrauen zu
bekunden pflegt, als seinem behandelnden Arzt, obwohl er der
Aufopferung und Kunst des Letzteren meist weit umfassenderen
Dank schuldet! Es läuft da ein kleiner Zug menschlicher
Undankbarkeit mit unter, der nicht ganz übersehen werden darf!...
Ich habe die merkwürdigsten Belege dafür. In Lâon, wohin
ich am 11. September 1870, wenige Tage nach der Explosion
der dortigen Zitadelle, gesendet wurde und böse Tage erlebte,
fand ich etwa 60 Sangerhäuser Jäger und etwa 250 Mann
Mobilgarden verstümmelt und krank in den Lazarethen. Schon
vier Tage nach meinem Eintreffen ward ich der intime Vertraute
Derer, die den Tod nahe fühlten, schrieb auf Diktat die
geheimnißreichsten Briefe an Frauen, Bräute, Schwestern, Kinder
u. a. m., skizzirte Testamente in mein Notizbuch und ward selbst
der Vertrauensmann des feindlichen Mobilgardisten, der mir
seine Klagen über die Indifferenz und Frivolität seines franzö=
sischen Arztes und die Trostlosigkeit seiner Rechtszustände zuflüsterte,
— — die freilich leider gar zu oft motivirt waren! Ja, der
Sterbende vertraut dem Liebesgaben=Onkel seine letzten kleinen
Reliquien bereitwilliger an, als dem Arzt. Warum? ... Wir
kommen darauf zurück . . .

... Der Dichter Müllner sagt: „Das Warum wird
offenbar, wenn die Todten auferstehen!" ...

Und — wie seltsam! Dicht neben dem Drama, dem tief=
aufregenden, nervenerschütternden Drama des Lazareths liegt
hier, wie überall, die — Posse, der Humor, der unter Thränen
lacht, die Farce! Du hast z. B. deine „Lieblings = Jungens"
gepflegt, wie du nur deine Kinder pflegen würdest. Du lässest
sie, rekonvaleszent, auf dem Hofe spazieren gehen, wo deine be=
ladenen Wagen, deine Reichthümer stehen. Wie lange dauert
es, und ein Athemloser meldet: „Sie sind über deinen Kisten
gewesen; sie haben nach Chokolade und Zwieback, nach
Schinken, Konserven und Cigarren gesucht, haben — die Un=

glücklichen! — Chlor und Carbolsäure „ausbaldowert" und — unglaublich, aber wahr — davon getrunken! Guten Appetit!.. Du wirst abberufen. Die im Orte erscheinende, einzige Zeitung, der „Courier de l'Aisne", soll redigirt werden — es darf selbstredend keine Zeile gedruckt werden, die nicht deine preußische Zensur passirt hat — der kommandirende Stabsoffizier bittet dich, die Redaktion zu übernehmen. Die Nummer vom 18. September 1870 liegt mir vor — mein Deutsch-Französisch ist haarsträubend. Du wirfst einen fragenden Blick zu dem vermeintlichen Wohnsitz der Götter, begrüßest den französischen Kollegen in partibus infidelium Apollinis, der halb vor Wuth, halb vor Angst zittert, und beginnst ein Werk, bei dem sich der Abbé Mozin im Grabe herumdreht, und der „große Plötz" vor Verzweiflung die Hände ringt ... Aber siehe — der Geist deiner heimatlichen Redaktionsstube schwebt selbst über diesen trüben Wassern des Plateau von Laon! ... Du redigirst eine französische Zeitung ... „Aber fragt mich — der ich heute darüber erröthe — nur nicht: „Wie?"

Kaum bist du zu den Käse- und Todesanzeigen gekommen, die du getrost dem zähneknirschenden Mann des „Courier" überlassen kannst — da wirst du abermals abberufen. Ein bischen „Nerven" muß man ja mitbringen, denn der „Laden" wird nicht leer. Die Patres ex societate in Laon, die auf dem zweiten Felskegel der Stadt ein entzückendes, vom Kriege unberührtes Heim besitzen, vor dem schon einmal der alte Blücher mit blutigem Griffel Geschichte auf französisches Pergament schrieb — auf dem andern Felskegel stand die in die Luft geflogene Citadelle — verweigern in ihren schönen, luftigen Sälen den eigenen verwundeten Kompatrioten die Unterkunft, das Sterbelager! ... Freilich, angenehm und erwünscht ist derlei Einquartierung ja nicht! Du klingelst unsanft am Kloster; der Pförtner öffnet dem „Rothen Kreuz" .... Du beginnst mit dem würdigen Superior eine diplomatische, etwas peinliche Plauderei. — Dein Begleiter, Herr v. Kl., cholerischen Temperaments, verwirft schließlich deine unangebrachte französische Höflichkeit und ergeht sich in einigen deutschen Kraftausdrücken, die mit Alberti's Komplimentirbuch wenig zu schaffen haben, über den schroffen Mangel an Humanität. . . . Da ändert sich die Szene. . . . . Plötzlich sprechen drei sehr würdige Brüder ein unverfälschtes Deutsch, Einer sogar mit dem bezaubernden Dialekt, den man zwischen Pirna und Meißen flötet . . . vorher wollte kein Mensch eine Silbe Deutsch verstehen . . . Erröthen, Verständigung, Gruppe und Consequenz: doppelte Einquartirung im Jesuitenkloster . . . c'est la guerre!! Auf alle diese ungedruckten Notizen komme ich eingehend zurück. . . .

Aber, wo bin ich hingerathen? Ja, das kommt davon, wenn wir die Kriegstaschen öffnen! Das überfluthet uns mit Erinnerungen und Gefühlen — es geht uns wie dem Goethe'schen Zauberlehrling. Ich wollte eigentlich gleich Anfangs etwas Poetisches von Weihnachtserfahrungen vor Paris erzählen und bin Mitten im Hôtel Dieu in Laon stehen geblieben. Nun, wir werden ja weiter sehen, daß der selige, treffliche und allezeit zuvorkommende General v. Podbielski mit seinem geflügelten Drahtwort: „Nichts Neues vor Paris" . . . doch nicht immer Recht hatte! . . . .

Ich schnüre meine losen Papiere weiter und weiter auf. . . Während ich discrete und indiscrete Notizen lese, die vergilbt und vergessen seit fünfundzwanzig Jahren kaum jemals vor meine Seele traten, fällt wohl hier und da ein Tropfen von jenem salzigen Naß auf das Papier, von dem der Dichter sagt: „Die ewige Beglaubigung der Menschheit ist die Thräne!" . . . Zuweilen lache ich auch laut auf! Du, göttlicher Humor in zweierlei Tuch, wie hoch warst Du zu preisen in jenen oft stolzen, oft verzagten Stunden unsrer Kriegsfahrten! Es soll kein silberner Jubiläumskranz sein, den ich um Euch winde, ihr Erinnerungen meines Lebens im Felde, — es sollen frische, wahrlich keine gemachten Blüthen sein!! Nehmt sie nachsichtig hin — ihr Duft strömt aus dem Herzen!! —

Ohne alle Vorreden will ich mich mit dem Leser am 16. August 1870 in Pont-à-Mousson treffen. ... Ich hatte in ziemlich beispiellosen Irrfahrten und Gewalt-Touren der abenteuerlichsten Sorte meinen ersten imposanten Transport — 7 Waggons zu 200 Centnern — selbstgesammelter Liebesgaben bis Pont-à-Mousson geschafft. Das Glück brachte mich zwei Tage vor der Schlacht von Gravelotte in dieses schmutzige und erinnerungsdüstere Nest. Es war der Moment bitterster Verluste und gleichzeitig eines Triumphes von damals ungekannter Tragweite! Jede Actenweisheit war in die Winde geflogen. Der Buchstabe der Verordnung unleserlich geworden durch Blut und wieder Blut! Alles stockte, Alles entbehrte, Alles verlangte — und: ich brachte! Dies und das liebenswürdige Vertrauen bedeutender und befehlender Männer, z. B. des Cabinets-Sekretairs des Königs, Geheimen Rathes Borf, öffnete mir die steile, gefährliche Bahn. Bald steuerte ich — schnell heimgekehrt, schnell komplettirt und reich dotirt — in den ersten Septembertagen, ein Krösus mit dem rothen Kreuz, zum zweiten Male dem fernen Westen zu. In fünf großen Waggons flog mein Reichthum auf den Eisenschienen abermals nach Musselbrück. Sonst hatte ich, wie ein Cerberus, bei meinen Kisten genächtigt, eine für Rheumatische und Inhaber zarter Geruchsnerven nicht direkt empfehlenswerthe Situation. Jetzt thronte ich mit zwei liebenswürdigen Begleitern auf einem offenen Jagdwagen, den ein gütiges Geschehenlassen der Bahnbehörden zwischen den haushohen Fässern und Collis auf einem offenen Lastwagen kurzer Hand geduldet hatte. Wohlweislich — ach, es war leider nicht allseitig so — hatte ich die Aprikosen und Fruchtsäfte von den Unterhosen und Strümpfen, die Cigarren vom Käse, die Bandagen und das Bettzeug vom Chlor, von den Häringen und vom Zucker zu separiren gewußt. Ein tragikomisches Konglomerat, wie es nur die blühendste Phantasie eines Victualienhändlers, Posamentiers, Chirurgen und vor Allem eines hungrigen Reconvalescenten ersinnen kann, erfüllte in qualitativ und quantitativ stolzer Pracht die Waggons bis zur Decke und nach einer Fahrt, deren Schicksale der launigen Muse und Feder eines Hackländer oder Winterfeldt hinreichendes Material zu einem dreibändigen Roman liefern möchten, erreichten wir das Ziel!

Wenn ich sage: das Ziel, so meine ich damit: den Anfang vom Ende. Denn nichts Anderes war dieser Moselflecken. Die Arbeit, die Aufregung, die Strapazen, die Odyssee sollten ja erst beginnen. . .

Ich übergehe meine Tour in die Moselberge — mit einem Worte die Gefechte von Tromville und Vionville, den Schlachttag von Gravelotte. Es ist so viel über diese stolzen und imponirenden Stunden geschrieben, daß Alles verblaßt klingen dürfte, was man fünfundzwanzig Jahre hinterher als Arabesken dem Bilde hinzufügen könnte. . . Vielleicht ist es mir erlaubt, ein Paar anspruchslose Verse zu citiren, die das Datum des 19. August 1870 tragen, mit der Bemerkung: „Hinter der Kirchhofs=Mauer von Marie aux chênes". Sie lauten:

„Das war bei Gravelotte
am achtzehnten August, —
das zog der saubern Rotte
die Schling' um Arm und Brust! . .

Wir schwuren's unsern Todten:
Nicht früher Ruhe, als
bis daß der Eisenknoten
auch säß um ihren Hals!!"

"He! Musici! Probirt mir — sieht Excellenz auch barsch —
was lang nicht intonirt ihr: Pariser Einzugsmarsch!"
— Und wie die Töne fluthen, durchzittert's fern und nah
die Körper, die da bluten bei Gorce und St. Privat!
Und manche Wunde schließt sich hier schmerzlos, sanft und still —
und Tod und Leben grüßt sich im Wald von Rezonville!...
"Daß ich's Euch wiederhole das Testament, es hieß:
"Frankreich ist die Parole, — das Losungswort: Paris!"...

Er selber kommandirte, der königliche Held, —
zehn Stunden lang er führte auf blutdurchfurchtem Feld —
wohl mal ein Angstgeflüster: "der König geht zu weit" —
Herr Roon, der Kriegsminister, der sprach ein Wort zur Zeit!
"Historische Granaten —" Herr Bismarck lächelt leis —
ob er sich jener Daten noch zu entsinnen weiß?
Vier Jahr' sind erst verronnen? Nein, ein Jahrhundert schon, —
am Donaustrand begonnen, — am Seinestrand den Lohn!

Wir sangen Sechs und Sechszig: "Dem Könige geräth's"
.. Ich mein', es reimt nicht schlecht sich nun wieder bald vor Metz!
Er nennt ihn Gravelotte, den Tag von "Vionville" —
Dank sei dem großen Gotte: er siegt halt "wie er will!"...
Schwarz-weiß war die Kokarde und roth von Blut der Klee,
so schuf sich preuß'sche Garde ein deutsch' Termopylä!
Um Mittag kam der Sachsen noch ungebeugte Macht, —
schier aus der Erde wachsen die Pommern noch zur Nacht...

"Das Ganze vor" — die Straßen durchbraust der Hörnerruf —
so schleudert Lavamassen zum Himmel der Vesuv, —
es donnert durch die Wälder der Mosel, heult und brennt, —
es schaun auf Leichenfelder die Stern' am Firmament. ...
Herr Moltke spricht nur wenig — heut meldet er den Sieg!
Mit nassem Aug' der König ihm dankte — — Alles schwieg.

Der greife Herr, sich neigend, mit ihm sein Volk zu Hauf —
wir Alle blicken schweigend zum Sternenzelt hinauf! ...

 Was zuckst Du, Fuß von Holze? — —
  was zuckst Du, Wimper? .. Still!
 Nicht mehr gemuckst, — dem Stolze
 sich das nicht paaren will! ...
 Einst, Kind, mit weißen Haaren,
 da weint man wohl und sagt:
 „Mit König Wilhelms Schaaren,
 da hab' ich's mitgemacht!!" ...

Mein Marsch=Befehl lautete: „Depôt dort completiren, ebenso in St. Mihièl, Beauzée, Clermont, Ménéhould, Suippe und dann an den katalaunischen Gefilden durch nach Rheims. Kurz und bündig. Wir sind das so gewohnt und bei uns braucht, Gott sei Dank!, dergleichen nur befohlen zu werden und — es geschieht! ... Das Roh=Material war da. Ich hätte sechszig bis siebenzig Wagen befrachten können. Als ich mich nach Beförderungsmitteln, speziell nach „Pferden" erkundigte, lachte man mir geradezu in's Gesicht. Ich war naiv genug, diesen Ausbruch sarkastischer Heiterkeit anfangs gar nicht zu begreifen. Ach, es sollte mir bald schrecklich tagen. Täglich verließen lange Züge junger Leute unter Leitung der Johanniter= Ritter in einer, der meinen ähnlichen, Situation und Bestimmung die Stadt. Beaumont und Sedan waren geschlagen, da gab es Tausende von Verwundeten zu evakuiren, und Abertausende von Centnern Provision und Munition den auf Paris hin= rückenden Armeen nachzusenden, — kurz Alles, was nur in den naturwissenschaftlichen Begriff eines Transportmittels oder Last= thiers gehörte, bis zum letzten, verkrüppelten Maulesel, versagt oder unterwegs! ... Ein mitleidiger Johanniter — hier „unter den Larven die einzig fühlende Brust", den meine stündlich wachsende Verzweiflung jammern mochte, denn auch die Bahn= verwaltung drohte mit schonungsloser Exmission meiner ge=

sammten Habe und zwar in ziemlich derben Ausdrücken, sagte mir: „Lieber Freund, der Etappen-Commandant wirft Sie einfach zum Tempel hinaus, wenn Sie nur das Wort: „Pferd"... lispeln. Ihre ganze stählerne Energie ist Blech — Sie setzen mit allem Lamentiren Nichts durch — en avant, greifen Sie zur Intrigue!"...
Gesagt — gethan! Ich lief auf die Commandantur. Ich beschwor den kommandirenden Stabsoffizier bei Allem, was selbst Etappen-Obersten heilig zu sein pflegt, — bei der berühmten Zahl, die seine Epaulette trug und die einem Armee-Corps angehörte, dem meine speciellste Fürsorge geweiht sein sollte, ich ließ ein Feuerwerk der glühendsten Beredsamkeit lossprühen gegen den unglücklichen Mann, dessen marmorkalte Grobheit einer ähnlichen Unverschämtheit kaum begegnet sein mochte... und siehe da... ich erweichte diesen Felsen!...
Ich erhielt eine Anweisung auf sechs — schreibe sechs — Paar Pferde. Mit diesem „Sesam, thu' dich auf" bewaffnet, stürzte ich nach dem vor der Stadt gelegenen sogenannten „Pferdedepôt und Wagenpark", — dem Hofraum eines halb zerstörten, halb verlassenen Abdecker-Etablissements an der Mosel! — So ungefähr, muß der Vorhof der Hölle aussehen! „Lasciate ogni speranza, voi ch'entrate!"... sagt Dante.

Im Freien, auf einem durch Jauchenlöcher und andere Untiefen gefahrvollen Misthofe, mitten im Schlamme starben, lagen, krochen, ja fraßen einige Dutzend Wesen einhufiger Thiere, die eine kühne Anmaßung mit dem Namen „Pferde" bezeichnete. Nach und nach fand sich auch ein betrunkenes, wüstes, zerlumptes und, ob der neuen Plage in Aussicht, widerhaariges Gesindel zusammen — gegen die gehalten Fallstaffs Rekruten Gentlemen erscheinen!

Vielleicht lacht heute Jemand über diese Posse, mitten ein Trauerspiel — Glauben Sie mir, ich lachte damals nicht! Dabei regnete es seit achtundvierzig Stunden, das Wasser fiel platt vom Himmel herunter, — die Tage der Sündfluth schienen gekommen.... In solcher hellen Verzweiflung griff ich zu jedem erlaubten und — unerlaubten Mittel der Bestechung, zunächst durch den unwiderstehlichen Reiz von einigen Mille Cigarren, denen ich den duftigsten Schinken, die „männerverführendsten Rothwürste" und in Strömen jenes gebrannte Wasser des Lebens folgen ließ, für das germanische, wie romanische Naturen dieser Kategorie gleich lebhaft empfinden! Ich rannte die Straßen auf und ab, mit meinem Kommandanturzettel in der einen Hand — ich hatte ihn vorsichtig reservirt, während ein braver Landwehrmann mir aus den chaotischen Trümmern jenes unbeschreib=Schmutzes sechs Wagen zusammenstoppelte — mit Anweisungen auf „die Perspective" der verlockendsten Genüsse in der andern. Thorheit war es, den bunten Markt und das Gewühl der Menschen zum Jagdterrain zu machen. Jetzt sah ich es ein. Ich durchstreifte die an den Thoren mündenden Chausseen, die einsamen, versteckten Farmen — der Cooper'sche „Pfadfinder" war ein Waisenknabe mir gegenüber — ich arbeitete mich in eine Art von leidenschaftlichem Paroxismus, in eine unbezähmbare Wuth nach „Wagen und Pferden" hinein. Als Richard Glocester in seiner Todesschlacht lauthin durch die Ebene sein berüchtigtes „Ein Pferd, ein Pferd, ein Königreich für'n Pferd" rief, — da dachte der alte Taugenichts nur an sich und seine Rettung. Ich stieß zwar den nämlichen Angstruf aus — aber ich dachte wahrlich nicht an mich, sondern nur Derer, die mir vertraut, die mich erwarteten, denen meine Labemittel fehlten, und die vielleicht ... ich mochte den Gedanken gar nicht ausdenken.... Man erlasse mir die Detaillirung der nicht immer streng loyalen, nicht minder rosafarbenen Winkelzüge meines Beutezuges. Er hatte, nicht den Staatsanwalt, wohl aber den Etappenobersten zu scheuen, da ich Gleichberechtigten, vielleicht auch Gleichbedürftigen das vor der Nase wegfischte, was mir zunächst erste Vorbedingung des eigenen Gelingens war. Enfin c'est la guerre!...

Ich sollte bald genug erfahren, wie Recht das Sprüchwort

hat mit seinem: „Keine Rosen ohne Dornen".... genug, vorläufig hatte ich aber siebzehn Wagen gefaßt, auf die ich vom Nachmittag bis zur Nacht triumphirend etwa die werthvollste Hälfte meines Besitzes im strömenden Regen verpackte.

Meine Begleiter hatten inzwischen mitten unter Speckseiten und zerbrochenen Chokoladenkisten, zwischen Carbolsäure und Parafinkerzen die Bekanntschaft eines gleichfalls verzweiflungsvollen aber liebenswürdigen Mannes gemacht. Er war — nomina sunt odiosa — Dr. juris utriusque, Rechtsanwalt, Landtagsmitglied, Sachse, trug einen weithin bekannten Namen — aber was will das Alles hier sagen? . . . . Er hatte Verstand und Herz auf dem richtigsten Flecke, da beides nur sitzen kann — hatte jene, ich möchte sagen „jungfräuliche" Schüchternheit und jenes biedere optimistische Gottvertrauen der alten Burschenschafter — hatte Talent, Witz, einen bezaubernden Regenmantel und dito Bariton . . . aber, auch er hatte . . . . keine Transportmittel. Der Unglückliche! Sein Koffer war längst das Spiel beutegieriger Bahnhofshyänen geworden — aber zwölf Kisten — bestimmt für Auserwählte des königlichen Hauptquartiers lasteten schwer auf seiner Seele und, damit ich's kurz mache, bald schwerer auf meinem Wagen! Er blieb bis Rheims unser treuer und werthvoller Begleiter. —

Endlich — endlich war die Wagenburg beladen; Räder umgetauscht, zerbrochene Wagenleitern durch zusammengebundene Bretter, die im Schlamme umherlagen, ersetzt — die zerrissenen Geschirre mit Stricken, Bindfaden, alten Lederriemen geflickt — jeder Rosselenker durch Rum, Trinkgelder, Eßwaaren, Cigarren bis in die tiefsten Tiefen seines Menschenthums scheinbar gewonnen und gerührt — und so rückten wir vom Bahnhof in die Stadt.

Es war Abend, aber leider noch hell. Die launenhafte Göttin, die mir heute aus dunkelsten Wolken zugelächelt, Fortuna, — ist eben ein Weib — sie lachte jetzt schadenfroh ob meines geträumten Triumphes! Man denke — man lese — man weihe mir eine Thräne!

Wenn fiebenzehn Wagen mit fiebenunddreißig Pferden und etwa vierhundert Kiften auf einem Markt in Linie vor ein Hôtel rücken — das macht Auffehen; felbft in Pont-à Mousson und felbft in folchen Zeiten. Dem Hôtel gegenüber lag die Mairie — hier thronte der allmächtige Kommandant — er ftand auf einem Balkon, auf „das beherrfchte Samos hinfchauend," er fah mich, mich unglückfeligen Mann, der ich für ein paffirbares Maufeloch in diefem Moment ein Vermögen gegeben hätte, — er fah meine Wagen, fiebenzehn ftatt fechs — er zählte meine Pferde, fiebenunddreißig ftatt zwölf — er rieb feine Augen — ... er hatte im Nu Alles erfaßt und begriffen ... Er winkte mir ... ich werde den Augenblick nie vergeffen. Ich fchauderte. Ein Fieberfroft fchüttelte mich. Mir ward es „violett" vor den Augen und ich fchlotterte die feuchte Steintreppe hinan. Burgverließ — Latten — Kriegsartikel ... mein Athem ftockte ... „Samiel hilf!" ... der alte Offizier fuhr auf mich los, als ob ein Dutzend Ladeftöcke aufeinanderraffelten.

„Herr, in drei Teufels" ... weiter ließ ich ihn nicht kommen. Ich ergriff feine Hand — ich nahm Alles zufammen, die „Luft und auch den Schmerz" — ich fuchte und fand Töne, Wendungen, Zartheiten, Melodieen von einer Weiche, Milde, Rührung und Verführungskraft, wie fie feit den Flittertagen meiner Bräutigamszeit nicht erklungen waren. Ich duldete keine Paufe, keinen Moment des Befinnens — ich fprang — der felige Devrient hätte mich beneidet — von der fchmelzendften Innigkeit jählings hinüber in den braufenden Heroismus, in die erhabenfte und donnernbfte Begeifterungsflut — ich entfchuldigte mich nicht, denn, wer fich entfchuldigt, klagt fich an — nein ich fchilderte die ganze, graufame, draftifche Tragikomik der Wahrheit und — der alte Herr lachte! Er lachte ... ich hatte gewonnen. Er hatte ein inftinctiv richtiges Gefühl, mit mir nicht noch einmal den glatten Parquetboden der Intrigue zu betreten — der ernfte Hintergrund meines Beginnens fiegte ob all' feiner reglementarifchen Fragezeichen und Bedenken —

kurz, er commandirte vier blonde Söhne ursächsischen Stammes und Jargons zu meinem Schutze bis St. Mihièl — ich ward entlassen! . . . Ich fiel halbtodt auf mein Lager . . .

Geneigter Leser, der Du von französischen Hôtels und dito Betten eine annähernd poetische Beschreibung, vielleicht gar Rückerinnerung hast, — wie würdest Du erröthend Dein Gesicht verhüllen, wollte ich Dir nur einen scheuen Blick in die Küche, ja, in das preußische Farbenspiel unserer Betten zumuthen! „Der Mensch versuche die Götter nicht . . ." Welche Nacht, welches Erwachen!

Es regnete — nein, es strömte nach wie vor herunter, wie wenn Jupiter und Neptun eins werden wollten auf diesem blut= getränkten Moselrevier! Mein erster Blick, meine erste Frage: meine Wagen, Pferde, Knechte? . . . Herr der Heerschaaren! Es fehlten sechs Pferde und sieben Kerle! . . .

Ich habe — ich darf es aussprechen — Nerven wie ein Elephant und ein Temperament von biegsamem Gußstahl. . . . — Aber, ich muß gestehen: „Hier riß die Strippe fast entzwei! . . ." nur das Eine weiß ich noch bestimmt, daß nach einer Anspannungsscene, wie nur ein Hogarth sie malen, wie nur ein Victor Hugo sie beschreiben könnte, sich einer der selt= samsten und abenteuerlichsten Trauerzüge in Bewegung setzte, der wohl jemals das Pflaster von Pont-à-Mousson verlassen. Ich rede von den Pferden nicht mehr — verhülle Dein Antlitz, ewige Gerechtigkeit und Du, wohlthätiger Verein gegen Thier= quälerei, streue Asche auf Dein Haupt, — oder auf das meine! . . Ich spreche nicht von den Wagenlenkern! Vergessen wir aber nicht, daß mit Ausnahme der Franzosen und Pfälzer Niemand von uns eine Ahnung hatte, was Hand=, was Sattelpferd war, daß kein Kummet, kein Strang, kein Aufhalter paßte oder hielt, — daß in diesen unaufhörlich steilen Bergen kein Wagen die Idee eines Hemmzeuges hatte, — daß unabsehbare Colonnen hinter uns und uns entgegen jagten . . . und man wird mir vielleicht ein stilles Bedauern nicht versagen! . . Ich, meiner=

seits, lernte schon auf dieser ersten vierzehnstündigen Tour manch'
erhabene Lehre. Zunächst wurde mir der erste leise Schimmer
über Darwin's Theorie vom „Kampfe um das Dasein" — klar.
Was mußten diese Pferde gewesen sein, — was schlummerte
nicht Alles noch in ihnen, wenn sie post hoc und propter hoc
solcher Leistungen fähig waren! Ich würde mich z. B. auch
nicht einen Augenblick gewundert haben, wenn ich plötzlich bei
den sämmtlichen Thieren „Schwimmhäute" wahrgenommen hätte!
Dann zweitens... doch ich will dem sich entwickelnden Drama
nicht vorgreifen....

... Schlag 10 Uhr Abends — „schwammen" wir nach
St. Mihièl hinein. Seit 8 Uhr Morgens waren wir auf der
route impériale — Amphibie gewesen!.. Auf dem Markt
lag ein erleuchtetes Hôtel. Hier war die Commandantur der
Etappe. Ich zählte die Häupter meiner Lieben und, sieh, — —
es fehlten — — ihrer Sieben!.. Sand darüber... Meine
Papiere legitimirten uns halb und halb. Sobald ich aber von
der Unterbringung von 31 Pferden sprach — Zetergeschrei!..
Doch auch meine Geduld und Sanftmuth war am Ziel. Der
Delegirte, der Liebesgaben=Onkel, muß gehorchen und kann viel,
sehr viel vertragen — das steht fest, — aber der Mensch, der
Landwirth, der alte Sportsmann bäumte sich empor! Ich setzte
es durch trotz alledem und alledem, die Pferde kamen unter Dach
und Fach — ein „begüterter Hebräer" schaffte Hafer, sechs
Pfund pro Stück; ich kaufte Brod und Kleie, Heu wurde „ge=
funden" und um 12½ Uhr setzte ich mich mit trockenen Sachen
und dem beseligenden Bewußtsein eines bestandenen ersten
Examens an den Gasthofstisch!.. Liebreiche Freunde hatten
auch mir den lang entbehrten Genuß eines Cotelettes reservirt.
Eben wollte ich die erste Gabel zum Munde führen, als die Thür
vehement aufgerissen wurde, und der Gefreite der sächsischen
Heerschaaren, wie ein prustender Triton, in unnachahmlich
komischer Grobheit sich vor mich hinpflanzte und mich an=
donnerte: „Ai, Herrcheses, zum Dunnerwetter, Herr Ducter,

was soll nu aber aus uns wär'n?"... Pause... Gruppe... Allgemeines Erstarrtsein... alle Blicke auf mich! Homerisches Gelächter der Uneingeweihten — Aufspringen meinerseits — unsanftes Entfernen des verehrten Bundesbruders, Baß= und Tenorduett im Hausflur forte, auf dem Markt bito fortissimo, furioso — das Alles war das Werk weniger Sekunden!... Ich, hartherziger Mensch, hatte nur an meine Vierfüßler gedacht; meine braven Gefährten hatte die Sorge für unsere nächste Umgebung und die Wagen beschäftigt, — aber die zu einem „kaffeelosen" Marsch von vierzehn Stunden verurtheilten Söhne Saxonias, — die Ureingeborenen des schönen Elbthals — seit wenigen Wochen erst in der Uniform und heute zu einem Dienst gepreßt, der „Stein' erweichen, Menschen rasend machen kann" — diese Würdigen hatte ich vergessen oder vielmehr in der segenspendenden Fürsorge der Etappe geglaubt. Ihr Humor war von vornherein unter dem Gefrierpunkt gewesen, denn „was ein Sachse Morgens nüchtern ohne Kaffee ist" — das muß man kennen!.. Jetzt brach der Thränensack dort — und auch bei mir; die Geister platzten aufeinander und es gab... Funken. Der Adjutant der Etappe wurde äußerst deutlich gegen uns Beide, die wir den nächtlichen Frieden ein wenig laut brachen — der unmotivirten Wuth des Chargirten vom 107. Regiment wurde der gebührende Dämpfer!

„Zeibig!" denn so ist Dein Name, braver Mann, — und jener federgewandte Doctor, Dein Landsmann, hat Dir bereits vor zweiundzwanzig Jahren im „Daheim" ein papiernes Denk= mal gesetzt. — „Zeibig! wenn es wahr ist, was böse Menschen behaupten, nämlich: Du seist in dieser Nacht noch in's Loch spaziert — ich aber hätte mit dem Herrn Adjutanten eine herr= liche Friedens=Havanna versöhnungsvoll geraucht — dies habe seinen Sinn bestrickt und ich hätte ihm in überschwänglicher Freundschaft zweihundert solcher wonnevollen „El Conde Bis= marck" in Aussicht gestellt — mich aber nächsten Morgens schmählich vergriffen und statt dessen zweihundert „Gambettinos insupportabiles" als pretium affectionis zurückgelassen — Zeibig, braver Zeibig, .. wenn dies Alles wahr wäre? ... aber nein, es ist nicht wahr!.. Ich wasche meine Hände!!" — — —

Am andern Morgen waren zwei meiner Wagen bestohlen. Eine Chocoladenkiste war erbrochen und eine zweite ihres Inhalts — Chloroform, Carbolsäure und irgend eines Desinfections= mittels — beraubt. Natürlich hatte man es für Wein oder Sprit gehalten und — losgetrunken. Guten Appetit! Ehe noch etwas von „Nichtzuerweckenden" verlautete, ging ich — nachdem Graf S. sein Depôt completirt und ich das bedürftige Lazareth wohl assortirt hatte — von Neuem „unter Segel".

Selbstredend die nassen Sachen aus der gestrigen Sünd= fluth auf dem Leibe — keine Idee einer ausreichenden Legiti= mation für etwaiges Nachtquartier — dieselben tragischen Brenn= punkte beim Anschirren — dasselbe Achselzucken allerseits, als ich Raths erholen wollte — eine recht freundliche Perspective!... Ein Wald voll von Franc-tireurs als erquickender Trost ... — unglaublich, aber wahr — sangen wir, kaum dem Städtchen entflohen — ein Wagen hatte natürlich schon ein Thor umge= worfen und kegelte einen Berg hinab — mit einem gewissen Galgenhumor: „Muß i denn, muß i denn zum Städtle 'naus?" und „Ich bin ein Preuße, kennt Ihr meine Farben?", in einem unnachahmlich harmonischen Quartettsatz ...

Wir verließen St. Mihièl in einer Cavalkade, in einem Aufzuge, der mit der Maskerade einer zersprengten Zigeuner= sippschaft die unverkennbarste Familienähnlichkeit hatte. Und doch war die Situation wesentlich verändert. Zeibig und Con= sorten hatten uns verlassen, nachdem einige Flaschen „alten Jamaica's" entsiegelt und unsere Versöhnung besiegelt und durchgeistigt war. Das Militairkommando hatte vier Freiwillige des zweiten Garde= und Kaiser Alexander=Grenadier=Regiments, die nach Verwundung und Krankheit ihre Fahnen wieder auf= suchten, den gleichen Weg gewiesen, der auch uns bevorstand. Die kaum genesenen Streiter, die der ungewohnte „Affe" schwer drückte, gingen mit lebhafter Dankbarkeit den Tausch von Leistung und Gegenleistung ein. Ich fuhr Gepäck und Gewehr — sie dagegen entschlossen sich zur Lenkung von Roß und Wagen — es war ein Candidat der Philologie, ein Architect, ein Apotheker und ein Landwirth.

Ach, wie bald und wie schmerzlich sollte ich zur Erkenntniß kommen, daß ich mir mit dieser geträumten Hülfe selbst den „schwersten Affen" aufgebunden hatte! Heiliger Phaëton, noch heiligere Gutmüthigkeit! was hatte ich gethan? diesen edeln Jünglingen war auf Berliner Asphaltirung noch nie der leiseste Elementarbegriff davon geworden, was ein Pferd, was ein Wagen sei, und sie wurden durch Ineinanderfahren, Zerreißen und Zerbrechen alles irgend Vernichtbaren, durch eine unwiderstehliche Neigung für Prellsteine und Chausseegräben, und durch eine durchaus irrthümliche Auffassung von den Gesetzen der Schwerkraft und des Falles bei schiefen Ebenen, für uns alle eine Quelle unversiegbarster Trübsal! ... Wie oft habe ich in diesen schmerzensreichen Tagen den Blick emporgehoben und die stumme Frage gestellt: „Wäre nicht ein dunkeler Vorbegriff von der mysteriösen Zusammenstellung von Pferd und Gefährt — ich wage ja nicht an „Reiten" zu denken — eine der unumgänglichsten Vorbedingungen zur Erlangung der Freiwilligen-Schnüre? sollte nicht dieser Krieg zu einem, für das Unterrichtsgesetz der Zukunft unfehlbar wichtigen Paragraphen das bedeutsamste Material bieten?" Entschuldigen Sie, meine Herren Pädagogen! ...

— Ich weiß es wohl! quod licet Jovi, non licet bovi. Ich weiß, die sämmtlichen neun kastalischen Musen sind — trotz Pegasus intimer Bekanntschaft — allen Geheimnissen des Stalles fremd geblieben. Ich weiß endlich die schweißtriefenden Anstrengungen besagter braver Musensöhne zu schätzen. Aber wenn man, wie wir, circa 30 000 Mann bei Sedan gefangener Fronzosen und endlosen Wagenparks auf Bergstraßen begegnet, bei deren Anlagen der schönen Erfindung der Serpentine direct

Hohn gesprochen ist — wenn man zur Last der Verantwortlichkeit und des greulichsten Wetters, zur Perspective des Nur-Gedulbetseins und der entmuthigenden Aussicht, für Mensch und Vieh, nur auf Umwegen und Schleichpfaden Quartier und Futter zu ertrotzen, — wenn man zu all' diesen und dem immerhin nicht gefahrlosen Fragezeichen des Fortkommens — den Begrüßungen französischer Kugeln aus Busch und Wald — überhaupt noch die oben skizzirten Momente abdirt, dann wird man zugeben, daß Begeisterung und Elastizität des Nervensystems ein leidlich anständiges Turnier bestanden. Von Franctireurs-Scherzen rede ich nicht ... Diese waren eben selbstverständlich ...

Beauzée war des Tages Ziel ... Kein Graf Oerindur wird mir je erklären, warum dieser vergessene Winkel ausgesucht war. Es dunkelte bereits, als wir einzogen, und ob es nun das eigenthümliche Parfüm war, das der Inhalt unserer Wagen, halb Apotheke, halb Victualienhandlung, halb Schenke, halb Weißwaaren-Geschäft, halb Tabaksladen, halb Weinlager aushauchte, — ob irgend ein anderes dunkelinstinctives Sehnen die blauen Röcke unwiderstehlich anzog, — ich weiß es nicht, kurz, eine dienstfertige Schaar der hier cantonnirenden Compagnie eines westfälischen Landwehr-Regiments drängte sich — fast beunruhigend — um unsere Schätze. Meine verehrten Freunde übernahmen das mühselige Amt der Unterbringung der Pferde; ein gänzlich kopfloser Maire verwies uns — das Nest war überlastet mit Mannschaften, Preußen, Bayern und auf dem Transport zusammengebrochener Franzosen — dorthin, „wo die letzten Häuser stehn," zu einem bankerotten Lohgerber, und ich versuchte der Legitimation, Wagenwache und Fourage halber die militairische Oberhoheit des Ortes zu rühren.

... Man gestatte mir, während die Wagen langsam im Schlamm eines Düngerhofes — ich glaubte, auf Nimmerwiedersehen — versinken, eine unbedeutende Paranthese philosophisch-psychologischer Natur ...

... Es giebt beneidenswerthe Sterbliche, denen — gleichgültig ob im Frieden oder im Feldzuge —, niemals etwas Außergewöhnliches paffirt. Die Situation mag sich nach der tragischen, nach der komischen Seite hin gipfeln — sie mögen selbst mitten im Brennpunkt überstürzender Begebenheiten, Fatalitäten und exceptionellster Thatsachen stehen — gleichgültig! sie bleiben intakt, unbelästigt, sie erleben eigentlich Nichts, sie sehen kaum, was geschieht, — weder Fatum, noch Menschen — Niemand adressirt sich an sie, der Sturm braust, ja, es schlägt ein — sie drehen sich um: ... voilà, es ist heiterer Himmel! Das sind beneidenswerthe, glückliche Menschen! Ach — ich gehöre leider nicht zu ihnen! ... — Mich verfolgt das schroffste Gegentheil. Mir paffirt stets und unter allen Verhältnissen „Etwas ..." ich bin, Zeus sei 's geklagt, nicht allein bei dem Außergewöhnlichen so oft au milieu des affaires, nein, meistens das ganz unwillentliche Centrum der Verwickelung, meistens der schließliche Austräger höchst eigenartig combinirter und complicirter Ereignisse, deren Werden, ja deren besonderer Gestaltung ich intellectuell, wie thatsächlich au fond ganz fremd war. Es giebt Thoren, die mich darum beneiden. Thoren! sagte ich, weil die Kurzsichtigen nicht ahnen, welch' ein Glück die Gabe des „laisser passer" des „d'être inconnu" ist, welch' ein Glück die Philosophie eines „summenden Käfers" ist, der sich niemals auf Unkraut, stets auf duftige, honigvolle Blüthen setzt, welch' ein Glück und Vorzug angeborene Passivität ist, welch' ein Segen in dem „Unbemerktsein" liegt — welch' ein Danaergeschenk mißgünstiger Gottheit diese meine entgegengesetzte Gabe ist! Ich würde sie wahrlich für ein Billiges verkaufen! ... Untersuchen wir nicht, wo die Schuld liegt — versuchen wir nicht, die äußerst zarten Wechselbeziehungen von „Ursache und Wirkung" im Temperament, in den Nerven, im Blut, in der üppig angelegten Größe und Vorbringlichkeit des Sprechorgans zu suchen — das Alles führt auf broblose und unerquickliche Abwege. Genug — es ist so und man wird herzenswarm genug sein, ein Mitleid nicht zu versagen, wenn man die Conflicte kennen lernt, die aus solcher „Gabe" in so geschraubten, hochwogenden Zeiten täglich unbarmherzig erwuchsen. Und — ach — ich zaubere doch nur die blassen Schatten des Geschehenen auf das Papier! —

Ich suchte also den Commandanten von Blauzée. Endlich fand ich ein finsteres Haus. Ein begleitender Soldat sagte mir, „der Herr Lieutenant läge seit drei Tagen krank," und während er mich die dunkele Treppe hinaufwies, rief er von unten sehr laut die verhängnißvollen Worte:

„Rechts die zweite Thür, Herr Doctor!"

An diese unglückselige Titulatur kettete sich Schlag auf Schlag die seltsamste Folge. Ich hatte kaum die Thüre geöffnet, als ein höchst aufgeregter Mann, mit hochrothem Gesicht im Bette liegend, in den unverkennbaren Zeichen starken Fiebers mir sofort entgegenrief:

„Oh, Doctor, theurer Doctor, Sie sendet mir die Vorsehung — ich sterbe fast seit drei Tagen in diesem elenden Jammernest, ohne Hülfe, ohne Arzt, ohne . . ."

„Aber mein verehrter Herr Lieutenant" . . . wollte ich zu unterbrechen wagen.

Gott bewahre — er ließ mich nicht eine Silbe reden — mit der Fieberkranken eigenen Erregtheit, ergriff er meine Hand, zog mich an's Bett und in einem Schwall von Worten ergoß er sein Ungemach, seine Noth, seine Freude, endlich einen Arzt zu sehen, und seine heiße Bitte, ihm zu helfen — ihm, der hier allein, ohne Kameraden, ohne ärztliche Hülfe, fern von den Seinen u. s. w. u. s. w.

Ich machte wenigstens zehn Mal den Versuch ihn zu unterbrechen, — ihm seinen entsetzlichen Irrthum klar zu machen — ihm zu sagen, daß ich von der Medizin ungefähr so viel, als von der Luftschifffahrt, oder der Entzifferung egyptischer Keilschrift verstände — Gott bewahre — positiv unmöglich, ein Wort einzuschieben. — Er wurde nur immer heftiger und fiebrig lauter — ich immer schüchterner und verzweifelnder . . . Dabei überdachte ich, daß schließlich für uns, die Mannschaften und Pferde, viel, sehr viel von diesem armen phantasirenden Offizier abhing, der mir übrigens das herzlichste Bedauern abgewann — kurz, ein Entschluß mußte gefaßt werden! Ich beschloß den Kranken in seinem süßen Wahn zu lassen. Ich verhehlte mir dabei keinen Moment meine Verantwortlichkeit. Nach einer Art oberflächlicher Untersuchung, bei der ich mehr zitterte, als der Kranke, verordnete ich umgehend ein Fußbad mit Asche und Salz, stürzte nach meinem Wagen, holte ein paar kühlende Tränke und verbot energisch seinerseits jedes fernere Wort! Ruhe, Schlaf! Ach, ich bedurfte beider Erquickungen auch im höchsten Grade . . . Erst nach zwei Stunden, als der Kranke zu meiner unaussprechlichen Freude stark transpirirte und einschlief — was er seit drei Tagen nicht gethan — athmete ich auf und kam zum Vollbewußtsein meiner — mindestens — sehr bedenklichen Situation. Ich forschte nun weiter. Der junge Assistenzarzt der detachirten Compagnie lag ebenfalls krank, — ein anderer war berufen, aber bei der durch Beaumont und Sedan überall zerrissenen Reglements-Ordnung und bei den Tausenden Verwundeter dieser Tage irgend wo dienstlich zurückgehalten. Ich war „Geheimer Sanitäts-Rath" laut Diplom des Zufalls.

Man wird begreifen, wie besorgt ich mit dem Grauen des Tages — der auf den Dielen liegende Strohsack meines Lohgerbers war kein verführerisch Lotterbett — emporsprang, um von „meinem Kranken" zu hören. Es ging ganz vorzüglich . . . Ich gestand meine Medicinalpfuscherei erröthend ein . . . Wir versuchten, der Sache die heiterste Seite abzugewinnen — aber es stand geschrieben, daß dieses jämmerliche Beauzée der Praxis des „Herrn Doctors" auch noch eine tiefe, ernste Rolle, dem ganzen, düstern Drama des Kriegslebens entnommen, vorbehalten sollte! . . .

Ich war beim Commandanten gewesen, hatte seiner überströmenden Dankbarkeit nur dadurch begegnen können, daß ich ihm ganz reinen Wein eingoß und umgehende Hülfe einer wissenschaftlichen Capacität aus Clermont verhieß — wir hatten herzlich über das Mißverständniß gelacht, und ich wollte zu meinem aus dem Schlamme emportauchenden Wagen eilen, — als ein athemloser bayrischer Offizier-Bursche meine Schritte hemmte und mich um Gotteswillen bat, zu seinem Herrn zu kommen — „es ginge zu Ende..."

.. Ich bebte zusammen. Waren die Rachegöttinen auf meiner Fährte, weil ich unbefugt..? Hier half kein Besinnen — ich lief mit dem Bundesbruder. Die Scene, die sich nun abspielte, war ernst und bitter. Ich werde sie nie vergessen. Ein junger bayrischer Hauptmann, ein Freiherr v. St. E., lag mit zerschmettertem Knöchel im ärgsten Wundfieber. Auch dieser Arme träumte von Hülfe meinerseits. Seit fünf Tagen jammerte er hier — auf dem Transport zusammengebrochen — in einer Art Delirium — halbtodt. Jung, reich, bildschön, Vater dreier Kinder, erklärte er mir: „er werde wahnsinnig vor Schmerzen" — der kräftige Mann weinte laut. Ich war außer mir — der Offizier noch mehr, als ich ihm den momentanen Hoffnungsstrahl leider rauben mußte..... Er zeigte mir seinen Fuß — der, geschwollen, blutunterlaufen, die Wunde voller Knochensplitter, hoffnungslos brandig aussah — er klammerte sich an mich mit der letzten Lebenshoffnung, an mich, einen halb Verzweifelnden, der ich selbst so rathlos war! Was sollte ich thun? Ich konnte nur versprechen, Hülfe zu senden — sofortige — und wollte endlich tief erschüttert gehen.... Er hielt mich krampfhaft fest — es war, als fürchte er, mit meinem Scheiden bräche Alles zusammen. Es gab da plötzlich auch noch ein anderes bedeutungsschweres, stilles Band innerer Gemeinschaft nnd äußeren brüderlichen Verständnisses für dieselbe zwischen uns, das mich die eigene Ohnmacht nur noch bitterer empfinden ließ...

„Aber wie ist es möglich" — fragte ich — „warum haben Sie nicht längst Ihren Burschen meilenweit fortgeschickt — die Wunde wird ja brandig?..."

„Ach, dann war ich ganz allein hier in der Spelunke -- die Menschen sind grob und infam hier — der Commandant wurde selbst krank — sein Arzt und Ablatus auch — und dann sagte ja auch der Doktor, er wolle es noch abwarten, ehe er . . . . ." er verschluckte das Wort ‚Amputiren'.

„Der Doctor?" . . . . schrie ich fast . . . . „Was für ein Doctor? ein Arzt ist also hier? . . ."

„Jawohl — ein Pole — ich glaubte, Sie wüßten es . . . stets betrunken . . . ein Emigrirter . . ."

Das alles kam abgebrochen, halb verwirrt, halb stockend heraus. Ich wurde fast zur Bildsäule! Wer und wo war der Mensch? Was war dies für ein „Kollege", der hier einen Offizier augenscheinlich sterben sah und noch nicht einmal die Wunde ausgewaschen, nicht die Splitter entfernt, Nichts gethan hatte? . . . all' meine zurückgedrängten Empfindungen brachen jählings hervor und gipfelten nur in einem einzigen — halb ängstlichen, halb wüthenden — Wunsch, diesen Doctor zu sehen, zu hören, zu fassen! . . . Jetzt kam die Reihe des „Fieberns" an mich! . . .

Ich jagte Boten umher. Der polnische Kundmann hatte längst von meiner „Kur" bei dem Commandanten gehört — hielt mich natürlich für einen feindlichen Collegen und weigerte sich anfangs zu erscheinen. Sechs oder acht brave Westphalen=Fäuste schafften ihn aber bald zur Stelle. Die tragische Aktion und Scenerie wechselte abermals mit der „Posse" und die Scene wurde zum Tribunal . . .

Der „Barbier," — denn vielmehr war es nicht — ein altes höchst verkommenes Subject, kam graden Wegs aus dem Wirthshaus, kauderwelschte ein unglaubliches Polnisch=Französisch in angstvollster Deklamation — und gestand, als ich ihm etwas deutlich und ernst mit seiner infamen Gewissenlosigkeit zu Leibe rückte: „er habe gar nicht gewagt, den kranken Fuß, von dem er nichts verstände, anzurühren." . . . In einem Absynth=Gemurmel verschluckte er den Rest . . . .

Plötzlich fuhr er heftig auf:
„Êtes-vous médecin, monsieur? Pourriez-vous me dire, si vous avez la legitimation de me démander d'une manière..."
„Non, monsieur, je ne saurais vous dire, mais la situation et la jambe de cet officier..." er unterbrach mich abermals: „Est-ce que ça vous regarde?" fragte er im frechem Tone... Jetzt war meine Geduld erschöpft:
„Oui, monsieur! Et j'aurais bien envie de vous faire pendre à l'instant...."

Er taumelte zurück! In diesem Augenblick erschienen drei oder vier jener bärtigen Landwehr=Gesichter, die meine Speck=seiten vertraulich gemacht und die am Fenster diese etwas laute Conversation drinnen beunruhigt haben mochte. Ehe er noch eine weitere Phrase zurechtbrachte, hatten ihn die Westfalen mit ihren vorsündfluthlichen Fäusten gefaßt — ich setzte die That=sachen kurz auseinander, verbat mir alle weiteren mais, monsieur le docteur..." und schob den absynthduftenden „Collegen" zur Thür hinaus.

Ich schäme mich fast, zu gestehen, daß ich nach dieser Scene nahe daran war, den polnischen „Medicin=Mann" in unsanfteste Berührung mit preußischen Ladestöcken zu bringen. Mein braver Offizier jammerte inzwischen auf seinem Schmerzens=lager. Ich verlangte und erhielt binnen zehn Minuten ein Pferd, einen zweirädrigen Wagen, Betten, eine Matratze, Kissen u. s. w. — mein Plan stand fest. Das ekelhafte „il n'y a rien du tout, du tout, du tout".... und so noch sechszig bis siebenzig Mal — kam als die stereotype Antwort. Ich schüttelte „meinen ehrwürdigen Collegen" und hielt ihm eine preußische Festung mit den verlockendsten Farben als reizendsten Winter=aufenthalt — so z. B. Graudenz oder Thorn, nicht weit von seiner kostbaren Heimath — vor die Seele und vor die spiritus=seligen Augen. Das half!... In einer halben Stunde hatten wir unsern guten Hauptmann weich gebettet verpackt — ich hatte an Graf S. nach St. Mihièl geschrieben, ihm Alles erzählt und schleunigste Hülfe erbeten — der polnische Doctor loci mußte wohl oder übel selbst der Postillon d'amour b. h. seiner Schande sein — Bewachung wurde mitgegeben — und da zogen sie hin nach Osten, wir nach Westen! ...

Ich will gleich einschalten, daß ich die hohe Freude hatte, vor Paris die besten Nachrichten von dem liebenswürdigen Capitain zu erhalten — der den Seinen und sogar dem Dienst wiedergegeben ist! Diese Nachricht war ein „Honorar", das meine kühnsten Träume überstieg! Der Vorsehung noch heute Dank und ihr allein die Ehre!! ....

Ich gebe gern zu, daß auch in meinem Transport=Arrangement eine gewisse Medizinal=Pfuscherei lag, die für den Schwer=Verwundeten verhängnißvoll werden konnte — aber so viel hatte ich doch aus der Erfahrung gelernt, daß mit dieser Wunde so oder so ein Ende gemacht werden mußte, wenn nicht der junge Krieger dem Schmerz erliegen sollte! Im Kriege hören die Zimperlichkeiten behutsamer Bedächtigkeit auf — da heißt's „Vorwärts, — handeln, — entscheiden" und des Kapitains Thränen, der den neugewonnenen Bruder mit lautem Wehe=Ruf anflehte, ihn fortzuschaffen, „damit er bei Weib und Kind sterben könnte" — das gab den Ausschlag. —

Jetzt lebt er bei ihnen — ein hoffentlich gesunder, glücklicher Mann!!

— —

Mit gutem Wetter und guter Luft betraten wir gegen Mittag die gesegneten Fluren der Champagne. Um drei Uhr etwa waren wir im bergigen Clermont-en-Argonne. Bedürftige Lazarethe erwarteten uns hier, die Ladungen zweier Wagen genügten kaum, das Nothwendigste zu ersetzen. Es war Sonntag. Der Baron Soolmacher, commandirender Delegirter, kam eben in der rothen Malthefer=Uniform aus der Messe und war entzückt ob des zuströmenden Reichthums. Wir waren es schließlich weniger, da der Etappen=Commandant uns auch nicht ein

„Maul voll Hafer" für unsere geplagten Thiere gewährte.
Wir selbst forderten ja nichts, — wir brachten ja nur!
O diese Etappen=Commandanten! Sie poltern und toben
noch heute in meinen Träumen umher. Daß sie keine Nerven
mehr hatten, diese Stiefsöhne des Mars, das verstand ich —
daß sie aber auch keinen Hafer hatten für verhungerte Thiere,
die im Dienst der Menschlichkeit ihre letzte Spannkraft dran=
gaben, — daß sie uns fast immer brüskirten und auf zehn
Fragen neun Mal nicht antworteten, das war doch hart und
empfindlich. Auch für die Reorganisation dieses Instituts wird
einst „ein Geist herniedersteigen" und „fürchterliche Musterung
halten!" Ich weiß sehr wohl, daß es auch hier zwischen Theorie
und Praxis, zwischen Wunsch und Erfüllung, zwischen Forderung
und Gewähr, zwischen Noth und Hülfe manche Lücke giebt, die
diese Herren nicht ausfüllen können. Aber wenn irgendwo
„Menschenkenner" im Feldzuge zu placieren sind, dann geschehe
es auf wichtigen Etappen= und Evacuations=Stationen! . . .

In Clermont wurde nur „vor dem Zeuge" gefüttert —
homöopathische Gaben. Ich kaufte Brod für meine Pferde . . .
Dann ging es weiter auf St. Ménéhould hin. Welch' prächtiges
Land — welch' brillante Straßen — welch' sichtbarer Zug von
Wohlhabenheit rechts und links vom Wege! Nur reden dürft
Ihr nicht mit der Gesellschaft — Ihr seid sofort mitten in
einem Irrenhause! . . . Die Wagenerleichterung gestattete ein
Um= und Zusammenspannen der Pferde, je nach erprobter
Fähigkeit und Kraft — ja noch mehr, einen total verkommenen
„Fuchs" setzten wir auf einer üppigen Luzern=Breite in Freiheit
und überließen ihn dem Geschick. Er sah uns lange träumerisch
nach. War es etwa ein hartes Loos, an einem schönen September=
nachmittag, auf grüner Kleeweide, im Herzen der Champagne
die goldene Freiheit zu gewinnen? Gewiß nicht. Oder ahnte
das Thier etwa, das die Kadaver seiner verendeten Brüder zu
Dutzenden an den Wegen liegen sah, daß trotz des ausgesprochensten
Banquerotts seines Daseins, sein Loos noch trüber werden

könnte, es dennoch einen neuen Liebling finden könnte, den vielleicht der Hunger . . . das ist die Frage! St. Ménéhould ward ohne Unfall erreicht. Endlich, ein freundlich-reinliches Städtchen; auch ein traitabler Maire — kein Militair! — Würtemberger wurden erwartet und erschienen auch, nachdem wir gute Quartiere bezogen. Ein Gasthof nahm uns auf, den in ellenlangen Buchstaben die Firma zierte: „Rolot frère et sœur, à la renommée des pieds de cochon!" Alle süßen Erinnerungen aus „meiner Jugend-Maienblüthe" von Niquet's Eisbeinen und sonstigen unglaublichen Genüssen dämmerten vor meiner Seele. Trotzdem blieb mir diese Schild-Reklame dunkel, bis Herr Rolot mir mittheilte, daß er jährlich hunderte von Fässern mit der besonders fein und zart gepöckelten Waare des Thiers, das die Hebräer hassen, exportire. Wir aßen zum ersten Mal ein genießbares Diner, tranken — wer zweifelt daran? — den perlenden Wein des Landes in langen Zügen und eilten dann „in's Geschäft". Es war wenig Bedürfniß. Ein vorzügliches Krankenhaus mit zehn bis zwölf dienstwilligen Schwestern stand fast leer. Vortreffliche Betten — Reinlichkeit — fast Ueberfluß — und dabei verkümmerten wenige Stunden davon Hunderte auf fauligem Stroh in zerstörten Baracken. Wir machten umgehend Anzeige. Gegen Abend — die Würtemberger waren eingezogen und ihre Commandos hatten uns, in der bei uns so ungewohnten, fast naiven Gemüthlichkeit des Ausdrucks, erheitert, es waren aber stramme und fixe Leute — machten wir die Straßenpromenade. Das Posthaus, vor dem man einst den flüchtigen Louis XVI., am Brustbild eines Goldstücks erkannt, gefangen nahm, rief einen naheliegenden Vergleich vom „Damals und Jetzt" in die Seele . . . Die süddeutschen Brüder zogen in kleinen Trupps vorüber und sangen „Die Wacht am Rhein" — die Mädchen kicherten auf der Straße im Mondenscheine — ich glaube, hin und wieder hatt' gar „Einer Eine am Arm" — diese Soldaten, lauter geborene Don Juans! . . .

Der Postmeister, natürlich ein Verwandter jenes Drouet, belog uns in schamloser, aber liebenswürdiger Manier, während wir friedlich auf einer Bank vor seiner Thür rauchend saßen — kurz: Alles schien vom Hauch tiefsten, glücklichsten Friedens froh und zufrieden umfangen. ...

Die bundesbrüderlichen Hörner weckten uns am frühen Morgen. Wir hatten es uns reizend ausgemalt — diese Fahrt auf dem offenen „Liebeswagen" durch die rebenbedeckten, üppigen Gauen der Campagne. Welche Illusion! Nackte, ziemlich unwirthliche Kalkstein-Felsen, langweilige, ewig auf- und absteigende Chausseen — Armuth und Angst aus allen Fenstern schauend — ein kahles, ödes Einerlei! Wie anders hatte die Phantasie den Boden und die Scenerie gezeichnet, in der die Traube glühen sollte, der des Sectes Feuergeist entquillt. Noch eintöniger wurde es auf der Hochebene; Abwechselung boten nur die Colonnen unserer der Seine zublitzenden Bajonette und jene Haufen wüster Gesellen, die — meist von wenig Bayern escortirt — den bittern Weg der Gefangenschaft zogen. Wie wunderbar! Etwa zwanzig deutsche Soldaten trieben — das ist der Ausdruck! — stets drei- bis vierhundert solcher „Vorkämpfer der Civilisation", deren Wiege meist unweit der Sahara stehen mochte und die nun halb verthiert, halb verwundert — halb neugierig, halb apathisch — dem „barbarischen Norden" zuschritten. ....
Jeder Kopf, jedes Kostüm — immer noch ein wenig chic, Komödie und Firlefanz trotz alles Elends und aller Noth — ein Cabinetsstück für die Pinsel der Special-Artisten unserer illustrirten Blätter; jede Lager- und Einquartirungsscene, halb Drama, halb Posse — sowohl dort als bei den Unsrigen. Oder ist's etwa nicht malerisch und drastisch, wenn ein schneidiger Ulanen-Rittmeister, dem wir auf fünfzig Schritt Entfernung hin ein Dutzend Stengel jenes feuchten, braunen Krautes der Uckermark hinhalten, das uneingeweihte, kindliche Gemüther „Cigarren" nennen, mit Todesverachtung fliegend einen Chausseegraben nimmt, gegen den der Tribünensprung zu Hoppegarten

ein kleiner Rinnstein ist? War's nicht bezaubernd, wenn er besagtes Desinfectionsmittel nebst den Ueberresten einer majorennen Schlackwurst, eines duftenden Käses von patriarchalischem Alter und eine Flasche Arrac — weniger de Goa, mehr pommes de terre — in ein und dieselbe Brusttasche vertieft und laut dankend wieder gleich elegant zurück springt? .... Ist's nicht ein „Stillleben zum Malen", wenn der schwarze Turcos beim rendez-vous hinter einer alten Scheune seinen Spiegel und sein Messer herauszieht und sich ohne Wasser und Seife Wange und Kopf rasirt, während dessen der blaue Sohn der Isar neben ihm ein altes Wagenrad abgedreht und in Brand gesetzt hat und seine nassen Strümpfe trocknet und stopft — dieselben Strümpfe, von denen sein undelicater Landsmann behauptet, sie dienten à deux mains auch zum Filtrirbeutel „wann's in der Früh' a mal Koffee hat"? .... O, ich könnte viele Bogen füllen mit solchen Scenen, die unter den gegebenen Verhältnissen ein ganz besonderes Stimmungs=Colorit hatten! —

Gegen Mittag kamen wir nach Suippe, dem Bestimmungsort dieses Marschtages. Das Nest war überfüllt, die Thiere noch leidlich zu Gange und wir beschlossen deshalb weiter zu eilen. Der Weg führte durch Gefilde, auf denen mit blutigem Griffel „Geschichte" geschrieben steht — und wenn die Vorzeit sich das Plateau an der Marne für Kämpfe aussuchte, die einer neuen Kulturperiode Bahn brechen und ihr einen weithin gültigen Stempel aufdrücken sollten — so hat, wunderlich genug, das zweite Kaiserreich diese Stätten zu einer Art Festesplatz für einen militairischen Carneval umgeschaffen. Denn — man sage, was man will — diese befestigten Lager um Chalons mit ihrem ganzen Gaukelspiel eines nachgeäfften und carrikirten Prätorianerthums für den modernen Cäsar, mit den verschwendeten Millionen für Farmen und Güter und Musterwirthschaften voll Humbug und Arroganz — mit ihrer Soldatenkomödie ohne jeden sittlichen, wissenschaftlichen und ernstconsequenten Halt und Gehalt — mit dem weibischen Luxus und der üppigen Verfeinerungssucht, die man unsinnig genug aus dem Quartier Bréda und den maisons d'orées bis zu den raffinirtesten Extravaganzen hierher in die Zelte der Offiziere und Soldaten verpflanzt hatte — — was war dies Alles Anderes, als eine dem verderbten und verdorbenen Geschmacke und der Sucht zu prahlen dargebrachte, kindische Concession? was war es anders, als daß der Mann auf dem blutgekitteten Thron dem Papageien, der immer „gloire" schrie, Zucker gab, damit er nicht biß und kratzte? ... eine Puppenkomödie, die bei ihrer ersten Generalprobe ein so unaussprechlich elendes Fiasco machte! ... Wir haben solche Farm besucht. Sie machte den trostlosen Eindruck eines schmutzigen Bühnenraums, wenn die Lampen ausgelöscht sind und das Elend und die nackte Armuth, ihrer Flitter entkleidet, uns blöde und beängstigend aus allen Coulissen anglotzen! „Leergebrannt war die Stätte" — „noch eine hohe Säule" — auch diese schon geborsten" — — Schutt und Trümmer der ganze zusammengelogene, perfide Kram! ...

Etwa zwölf Kilometer von Suippe erreichten wir ein reinliches Dorf: St. Hilaire le grand. Hier wurde Rast und Quartier gemacht, freilich à la fortune du hazard, — aber es war leidlich. Wir schmuggelten uns unter der Kreuzes=Flagge unter Dach und Fach ein, dito unsre erschöpften Vierfüßler; wir drangen in Aussicht der kommenden Stadt bis in die verborgensten Tiefen unsrer geheimnißvollen „Freßkiste", die ein gastrosophisch hochbegabter Begleiter bis dahin mit Argus=Augen und einem Harpagon=Herzen wohlweislich gehütet hatte und studirten zu Nacht in jenem verleumderischen Buche weichlicher Lebensauffassung, so da Steinfliesen für ein kaltes und hartes Nachtlager hält! ... Abscheuliche Verleumdung — es schläft sich prächtig darauf! ...

Ein scharfer und langweiliger Marsch brachte uns andern Tags nach Rheims in das volle Bild des Kriegslebens hinein, wie es in einer großen und reichen Stadt in momentaner Ruhe einmal Athem schöpft. Das Hauptquartier Sr. Majestät des

Königs und der gesammte Sternenhimmel großer und kleiner Planeten, die um die Sonne kreisen — hier glänzte er um die altehrwürdige, herrliche Cathedrale herum, die allein schon mit ihren gigantischen Formen und der edlen, reinen Gothik ihres Prachtbaues Herz und Auge gefesselt hält. „Wer zählt die Völker, nennt die Namen?" Es drängte sich wie in einem Ameisenhaufen umher und übereinander und die Noth, mitten in all' diesem anspruchsvollen und berechtigten Fordern ein bescheidenes Plätzchen zu finden für eine „in das Gesetz hineingeschobene Satzung" — wie sich doch unser Unternehmen bis dahin repräsentirte — war hart und ängstlich. Wer ein schadenfrohes Gemüth hat, vergegenwärtige sich meine Lage, unter diesen Rosselenkern inmitten eines vollgestopften boulevard, auf dem welsche Hökerweiber und — der Auswurf aller Nationen — die Fuhrparksknechte, zu Hyänen wurden und ich, wie Japhet, der einen Vater sucht, nach meiner dienstlichen Oberhoheit und einem Sicherheits=Flecken für meine Schätze umherspähte. — Endlich fand ich Prinz R. Er wohnte in dem Hause eines dieser „unangenehm reichen" Champagner=Fürsten, von denen gleich ein ganzes Dutzend Schloß an Schloß, Park an Park, Jeder wie ein indischer Nabob eingerichtet, in exquisitester Gegend thronen. Der liebenswürdige Prinz schaffte mir Quartier für meinen Train — unser ebenso liebenswürdiger Sachse sagte uns hier Valet — wir Andern fanden mirabile dictu für unser gutes Geld Aufnahme im „Lion d'or", der dem erzbischöflichen Palaste, in dem König Wilhelm wohnte, vis-à-vis lag. Gutes Bett, gutes Essen, ein Ruhetag in Aussicht — paradiesische Perspectiven! ...

Unsere Wagen waren in den von vier colossalen Gebäuden umschlossenen Hof eines solchen „Sect=Königs" gewiesen. Der Zufall wollte, daß Herr R., der Chef des Hauses einer durch ganz Europa hoch renommirten Firma, schon beim Einzug meine Wege kreuzte. Herr R., obgleich naturalisirter und eingefleischter Franzose, sprach fertig deutsch. Er schien wenig entzückt, als ihn die kleine, doch jedenfalls kostenlose, Unbequemlichkeit traf, die Wagen beherbergen zu müssen. Die Pferde brachte ich in nahe gelegenen Gasthöfen unter. Auf meine Bitte, seine Keller be=. suchen zu dürfen, aus denen doch für Millionen jährlich das flüssige Feuer in unsere Keller und Kehlen wandert, ward mir von dem Millionär eine zusagende Antwort. Die Größe, Ele= ganz, das systematische Ineinandergreifen der Arbeit und die imponirenden Massen von circa fünf Millionen Flaschen Cham= pagner in allen Stadien ihres „werdenden Prozesses" interessirten mich auf das Höchste ... Die Keller, in denen die kuriosen Teufel gebannt liegen, die nachher aus all' den prickelnden Perlen lachen, singen, jauchzen und springen, gehen unter vier Straßen durch, in den festen Kalkstein hineingehauen: man könnte mit einem Viergespann darin umwenden. Der Krieg hatte — wohlgemerkt — Herrn R. auch noch nicht einen Draht zerschnitten — für uns dürstende und halb aufgelöste „Feinde" gab es freilich nichts Anderes, als einen Trunk Wasser am Brunnen im Hofe — dieser Millionär rächte sich an unseren Tantalus=Gesichtern. Ach, wir waren eben noch in dem Sta= dium jener naiven, jungfräulichen Schüchternheit — die so sehr „blau" war! .. Ich möchte wohl wissen, wie sich, entgegen= gesetzten Falls, die Herren Franzosen benommen hätten, wenn sie in ähnlicher Situation in einem Rheinwein=Keller zu Köln oder Frankfurt am Main ähnlicher Tactlosigkeit begegnet wären? ....

Monsieur R. hatte sich pro forma ein „leichtes Sommer= Lazareth" in seinem Palais construirt, die Genfer Fahne heraus= gesteckt und war so allen, irgend lästigen Incommobitäten bis dahin schlau entgangen. Ich erfuhr den Schwindel leider zu spät. Ich würde sonst für einige „wirkliche Kranke" und einen Doctor gesorgt haben, der Sect und immer wieder Sect oxhoft= weise verschrieben hätte! —

Prinz R., der — bei dem Ziel, das ich mir gesteckt, dessen Tragweite er anerkannte und das ihm sympathisch war, — die Unzuträglichkeiten einer weiteren Reise und Arbeit erkannte, die nicht mit directer amtlicher Signatur einen fördernden Hintergrund erhielt, nahm mich am zweiten Tage meines Aufenthalts in Rheims in völlig dienstlicher Form in den Kreis der Delegirten auf. So ehrenvoll und werthvoll mir das einerseits sein mußte, so veränderte es doch die Physiognomie unseres dreieinigen Zusammenseins sehr bald wesentlich, da selbststrebend meinem Verhalten mit den überkommenden Rechten, neue, bindende und in bestimmte Bahnen gewiesene, sehr ernste Pflichten erwuchsen. Diese traten sofort in Scene durch einen mir ertheilten Befehl, ungesäumt am dritten Tage nach Laon abzurücken. —

Ich bitte um die Erlaubniß, hier — indem ich ein Wenig vorgreife — gleich ein Paar Worte eines Gedichtes einschalten zu dürfen, das ich in der Erinnerung an Rheims am 18. October 1870 schrieb, und dem Kronprinzen von Preußen, meinem allergnädigsten Herrn und Beschützer, aus Eau-bonne sandte. Sein Original=Dankes=Brief ist mir ein unschätzbar theures Angedenken!! Die anspruchsvollen Worte lauteten:

„Nacht war's. Zu Rheims die hohe Cathedrale
lag stolz und hehr in reiner Majestät
vor meinem Blick im vollen Mondenstrahle —
ich flüsterte ein stilles Nachtgebet. . . .
Wer will nicht beten, wenn mit einem Male
Vergangenheit ihn zauberisch umweht,
und Gegenwart, so süß, so siegestrunken?
Eh' ich's gedacht, war ich in's Knie gesunken. . . .

Dem König galt's! Hart an des Tempels Seiten
ruht er im erzbischöflichen Palast. —
Wag' ich es, durch die Pforten hinzuschreiten?
Die Wachen wehren's nicht dem späten Gast!
Mich deckt das rothe Kreuz; nur leise deuten
sie mit dem Finger nach des Königs Rast.
Verständnißinnig schleich' ich auf den Zehen
zum Fenster dort, wo weiße Rosen stehen.

„Ich breche Dich, Du späte Herbstesblüthe,
ström' Deinen Duft auf meinen König hin;
sei Du ein Hauch des Friedens und behüte
ihm unverfälscht den heil'gen Rittersinn
im reinen Heldenherzen und Gemüthe,
erwärme, kräft'ge, ja, beseel'ge ihn. —
Darfst Du dem grünen Lorbeer nahetreten,
dann, weiße Rose, magst Du keusch erröthen!

Ich breche Dich, Du Sinnbild dieser Stunden,
verdienter Schmuck für jedes deutsche Schwert,
Du Lorbeerreis, in Eichengrün gebunden,
durchduftet von der Rose, lieb und werth,
so sei der Kranz, den würdig wir befunden
zu zieren jeden Helm und jeden Heerd,
vor Allem aber dankbar, unvergessen
jedwedes Kreuz im Schatten der Cypressen."

Also zu Nacht in Rheims. Seit jenen Tagen
hab' ich die Rose und das Lorbeerreis —
heut triumphirend, morgen im Verzagen
ob fremder Noth, bethaut von Thränen, leis
als Schiboleth auf meiner Brust getragen,
mein höchster Orden und mein höchster Preis; —
ob auch verwelkt, ich wollte sie bewahren,
ein unverwelkt' memento, spätern Jahren! —

Doch sieh! Als heut am Festtag deutscher Lande,
am Wiegenfest des kronprinzlichen Herrn,
ich zitternd öffne die geschloss'nen Bande,
in der Erinn'rung schwelgend, froh und gern
an Ihn, dem Helden aus dem Fürstenstande,
die stolze Hoffnung Deutschlands, nah und fern, —
welch' Wunder da! Dem Tag zu Weih' und Segen
grünt, blüht und duftet mir mein Schatz entgegen! ...

Nun weiß ich es, für wen ich sie gebrochen,
Lorbeer und Ros' in jener Zaubermacht —

„Salvum fac regem" hatt' ich leis gesprochen
und an den Vater und den Sohn gedacht!
Eins sind sie uns! Laut unsre Herzen pochen
für Beide gleichen Schlags in gleicher Macht —
der Hohenzollern-Ahnen Heldengeister,
heut grüßen sie den jugendlichen Meister!

Es grüßet Dich der Donner der Kanonen —
laut und verderbenspeiend vor Paris, —
man grüßt Dich aus dem Zelt und von den Thronen,
vertrauensvoll, begeistert, sieg'sgewiß —
wer redet noch von Zaudern und von Schonen?
Zerbrich in Schutt, verlor'nes Paradies!
Des großen Friedrich Auge blickt hernieder, —
den echten Enkel, er erkennt ihn wieder! ...

Mich aber führten zauberische Schwingen
nach Rheims zur stolzen Cathedrale hin, —
den Preußen-Ar seh' ich zur Sonne dringen
und Tausend liegen betend auf den Knie'n —
die Orgel tönt und Engelstimmen singen
des Himmels unnennbare Melodie'n —
Auf! Laßt den hohen Zoll des Dank's uns geben!
Der Hohenzollern-Kronprinz, Er soll leben!!"

.. Ich erbitte weiter just an dieser Stelle den Raum für eine kurze, aber bedeutsame und zur Verständnißinnigkeit des Ganzen nothwendige Parenthese!

Für die in den Mechanismus der Gesammt-Organisation der freiwilligen Krankenpflege im Felde minder Eingeweihten genüge es, wenn ich mittheile, daß zunächst jede Armee einen Armee-Delegirten, einen General-Etappen-Delegirten und einen Colonnen-Führer erhalten hatte. Jedem Armee-Corps ward ein specieller Corps-Delegirter beigegeben. Den Arbeitskreis jedes Einzelnen dieser Herren hatte Fürst Pleß — seit dem 20. Juli 1870 an der Spitze der freiwilligen Krankenpflege im Felde — ziemlich genau bemessen.

Besonderen Werth hatte man auf ein engeres Zusammenwirken der General-Etappen-Delegirten mit dem militairischen Etappen-Inspecteur jedes Armee-Corps gelegt. Indem dies Zusammenwirken der genannten beiden Autoritäten und des ihnen unterstellten Apparats in erster Linie eine einheitliche Leitung des Sanitätsdienstes im Rücken der Armee gewährleistete — eine Thatsache, deren eminente Folgen niemals vom Laien-Publikum gewürdigt ist, — brachte das Hand in Hand-Gehen grade dieser Factoren schon während der Vormärsche der verschiedenen Armee-Corps die seltene und werthvolle Einmüthigkeit zu Stande, der nachträglich so großartige Erfolge zu danken waren!...

Ohne diese, späterhin — während der Enceintirung von Paris — bis in die geringfügigsten Beziehungen von Krankenwärtern und Lazareth-Gehilfen segensreich einwirkende Einmüthigkeit aller im Medicinal-Betriebe rastlos wirkenden Männer (denen ich an anderer Stelle dieser Skizzen die Frauen-Thätigkeit beigefügt wissen will), ohne diese Arbeit schwerer und Opfer erheischenden Stunden in liebevollster Wechselwirkung hätten wir Tausende unserer Brüder und Söhne mehr zu beklagen gehabt!... Wenn damals klugsprechische Journale und Zeitungen auf Männer, deren ganze Lebens-Sphäre und Atmosphäre doch wahrlich eine andere war, als ein Saal mit Typhus-Kranken, oder irgend ein nasses Lager unter zerbrochenen Wagen neben todten Pferden u. a. m., mit Steinen jener allweisen und unfehlbaren „heimathlichen Kritik" in Schlafrock und Pantoffeln warfen, die mich heute noch, wie damals, empörte, weil sie eben nichts von allen diesen Entsagungen und Entbehrungen, diesem enormen und ungewohnten Dienst bis zur letzten Nervenhingabe verstand, dann ist es nicht der letzte Zweck dieser Skizzen, solcher Opferfreudigkeit und dem Einfluß derselben auf die imponirenden Resultate des Gelingens auch mit diesen anspruchslosen Zeilen einen Gedenkstein zu setzen!..

—— — In meinem Unmuth ob mancher hinfälligen Anfeindung so vieler sich selbst verleugnender, opferbereiten Männer schrieb ich de dato Rheims am 12. September 1870 (der Brief liegt mir gedruckt vor) an die Redaction einer der gelesensten deutschen Zeitungen wörtlich Folgendes:

„Wenn, Herr Redacteur, ich es hiermit unternehme — ein frei und selbstständig dastehender Mann, nach keiner Seite, weder irgend wie durch Geburt noch Amt gebunden oder verpflichtet, eine Lanze einzulegen gegen die übertriebensten Anfeindungen wider den Johanniter- und Malthefer-Orden, so schöpfe ich meine Berechtigungen zunächst aus dem eigenen Augenschein und darf nicht fürchten, der Anmaßung geziehen zu werden, wenn ich von mir selbst ein Paar Worte sage. Ich finde in solcher Weise wohl am geeignetsten den Grundton zu meinem Bilde.

Als die Klagen, mangelnder Mittel aller Art, in die Heimath drangen, wagte ich es, mit einem verehrten Collegen (v. N....), mich ungefragt und unbeordert, als eine neue Satzung einzuschieben in die bisherigen Gesetze und eilte mit reichen Spenden beladen, dem guten Glücke vertrauend, ins Feld. Mir fehlte, wie so viel Hunderten, so recht eigentlich jeder Rechtstitel. Ein gütiges Geschick führte mich nach den abenteuerlichsten Fahrten, am dreizehnten Tage meiner „Odyssee" nach Pont-à-Mousson ins Hauptquartier des Königs. Es war der Morgen jenes denkwürdigen 18. August. Wir erschienen, — warum soll ich uns heute die kleine Erwähnung der Genugthuung versagen? — als höchstwillkommene Boten des Vaterlandes, da wir zu den Wenigen gehörten, die da nichts wollten, sondern brachten! Ich bin schon hier Zeuge der aufopferndsten Thätigkeit, gerade der Johanniter, gewesen. Dennoch will ich es absichtlich vermeiden, außer Fürst Pleß und Prinz Reuß, irgend Namen zu nennen. Ich könnte noch fünfzig Männer namhaft machen, vor deren selbstverleugnender Energie und Thatkraft man mit abgezogenem Hute zu stehen hätte! — Man schickte uns, mit allen, hier so doppelt nothwendig Legitimations-Abzeichen und Papieren versehen, sofort nach Gorce, Thionville und Vionville, die blutdurchfurchten Waldwege hinauf nach Rezonville und immer weiter und weiter und einzig und allein dem persönlichen Eingreifen denkender und opferfreudigster Männer, nicht dem todten und zerrissenen Buchstaben der Actenweisheit ist es zu danken gewesen, daß hier Tausenden und Abertausenden die momentane, d. h. die oft allein Leben erhaltende Hülfe geworden ist. Opferbereitschaft, Willigkeit, Opferfreudigkeit Seitens der genannten Orden und derer, die sich freiwillig ihnen unterordneten, — welch ein belebendes und erfrischendes Bild boten sie auf Schritt und Tritt hier, wo der Tod seine entsetzliche Ernte hielt.

Redet jetzt daheim etwa ein superkluger Artikel davon, daß „näselnder Ton, Trägheit und commandirendes Wesen Seitens der Ritter, die Hülfe Anderer mehr gehindert, als gefördet habe" — so ist das fast komisch. Seien wir doch ehrlich! Wenn der zum Gehorsam, aber auch an das Befehlen gewöhnte „Ton" des nordischen Edelmannes, dem ja gar häufig ein Stückchen „preußischer Ladestock" — aus der Binde sehen mag, wenn dieser Ton dem biederen, weichen Schwaben, dem etwas langsamen, gemüthlichen, nie überstürzenden Baiern nicht gerade melodisch und sympathisch und liebenswürdig in solchen Momenten zu Ohr und Herzen dringen mag — ist es möglich, frage ich, im großen Athemzuge solcher Stunden derlei Lappalien zu erwähnen? Ich habe sie Alle an mir vorüberziehen sehen und mit ihnen im Schweiße des Angesichts gearbeitet, diese trefflichen Jünglinge und gluthbeseelten Knaben aus Darmstadt, Frankfurt, Hamburg und wo sie sonst her sein mochten — ich weiß von ganzer Seele zu würdigen, was sie gethan, aber ich weiß auch den unglückseligen Dilettantismus zu kennzeichnen, der sich nur gar zu oft unter dem rothen Kreuz breit gemacht und wohl daheim von einem Schlachtfelde, als von einem Sonntags-Nachmittags-Vergnügen geträumt hatte!! Hier im Schmutz und Blut und im verpestenden Lufthauch der am 19. Abends noch nicht begrabenen Todten des 16. August .. hier kühlte sich so manch jugendlicher Eifer mehr als zu schnell ab und ein scharfes, ja vielleicht zu scharfes Wort der Vorgesetzten fand erschlaffte Nerven und unlustigen Widerspruch! Nicht überall in Deutschland versteht man das, was schon Max Piccolomini „des Gehorsams heilige Gewohnheit" nennt und zu dem tiefen Verständniß der Thatsache, daß „blinder Gehorsam" das einzige Bindemittel und die Grundbedingung alles Gelingens im

Kriege ist — dazu gehört ein wenig Mehr, als die Elasticität begeisterungsvoller Stunden, oder die kritisirende Superklugheit hinter dem warmen Ofen beim Glase Bier! — Soll ich weiter davon reden, daß, als nach den grausigen Augusttagen die Spitzen der freiwilligen Krankenpflege einen Nothschrei ins Vaterland riefen, nach Delegirten, Aerzten, Pflegern, Evacuationspersonal 2c. 2c. und dieser Nothschrei in Folge mangelhafter Verkehrsmittel erst nach langer Zeit an die betreffenden Stellen gelangte, endlich die Heißersehnten kamen und ihnen leider eröffnet werden mußte, daß sie zum Theil überflüssig seien, da inzwischen 20,000 Verwundete bereits evacuirt waren? Ein hartes, ein schweres und düsteres Wort für Johanniter, Malthefer, Diakonen, Aerzte, Pfleger, Turner u. f. w., die sich zum Theil unter den schwersten persönlichen Opfern dem häuslichen Heerde entrissen hatten, voll Begeisterung ankamen und nun das kalte, entnüchternde Bad des Abgewiesenseins, die Aufforderung der Umkehr unmuthig empfingen. Wie wenig Einsichtige und Gebildete wurden hier im richtigen Verständniß der Situation gerecht? Und wie Viele vermehrten doch den Troß Jener, auf deren Standarte das „noblesse oblige" nicht zu lesen ist? Soll ich etwa glauben: hinc illae lacrymae jener widerwärtigen Artikel?... Weiter will ich — dem Augenschein folgend — betonen, daß die Stelle des Delegirten der Militärbehörde gegenüber in manchen und oft in den wesentlichsten Momenten seiner Thätigkeit eine geradezu unhaltbare ist.

Ich urgire diese Thatsache in der offensten und lautersten Weise, weil ich darin einen Mangel der sonst so trefflichen Organisation erblicke. Aeltere Offiziere, grau geworden in dem ertödtenden Einerlei eines nur auf Reglements, nur auf Ordre und wieder Ordrepariren gegründeten Garnisonlebens — hier waren sie plötzlich und unvorbereitet hineingesetzt in das wogende Gebrause einer überstürzenden und Alles weit mit sich niederreißenden Gewalt der Thatsachen, der Ueberraschungen, der unvorhergesehenen Ereignisse! Ist es zu verwundern, ist es denn so schroff zu tadeln, daß man öfter als nöthig und lauter als nöthig mit dem Säbel rasselte, um sich Geltung zu verschaffen und wunderbarerweise mit einer gewissen eifersüchtigen Starrheit

— dem Institute der freiwilligen Krankenpflege oft gerade keine Brücken baute, sondern das mühevolle Dasein Hunderter, an solche Arbeit wahrlich nicht gewöhnter Männer erschwerte?....

Soll ich weiter davon sprechen, daß die Namen von Hunderten der so schonungslos angegriffenen Grafen und Herren, die zu den edelsten und mühevollsten Zwecken verwendet wurden, eben gerade positiv nicht in die Zeitungen kommen, und soll ich etwa in den Fehler des Gegners verfallen und (was mir doch so leicht würde) beweisen, wie der zur Schau getragene Patriotismus, der daheim mit ewig süffisantem Achselzucken sich breit macht, eben auch nur seinen Cours hat und bei denen gerade, die da nur zu kritisiren wissen, niemals „Geld", stets „Brief" war?!....

Nein, ich will es nicht! Ich will nur eintreten für die Wahrheit, eintreten mit meinem ehrlichen Namen gegen diese, ja selbstredend anonymen Schmähungen, eintreten mit dem Zeugnisse vieler hunderter Aerzte, die mir das direkte Gegentheil jener „Berliner Stadtgeschichten" ernst und gewissenhaft versicherten, und heute mit mir arbeiten! — Ich bin mir wohl bewußt, in ein Wespennest zu greifen und Erwiderungen heraufzubeschwören. Ich werde gegen alle, die etwa kommen, im Panzer der Wahrheit stumm bleiben, und eingedenk dessen, daß der Sinnspruch: „nec aspera terrent" eine preußische Devise ist, der Hoffnung Raum geben, daß alle kleinliche Erregtheit und parteisüchtige Empfindelei durch den Hauch dieser großen und erhabenen Zeit verweht werde auf Nimmerwiederkehr!

Genehmigen Sie, Herr Redacteur, die Versicherung meiner vorzüglichsten Hochachtung!

Dr. Max Bauer-Adendorf,
Rittergutsbesitzer aus Sachsen, z. Z. mit 31 Wagen Liebesgaben auf dem Wege zum IV. Armee-Corps.

— Ich habe geglaubt, diesen Brief grade hier einfügen zu müssen! Er giebt mir erwünschte Gelegenheit, eine Brücke rückwärts zu schlagen zu meinen Erfahrungen derjenigen Fehler und Mängel, für die ich das Auge ebensowenig verschloß, als ich es für gediegene Leistungen offen hielt! Meine persön=

liche Anschauung gipfelte — und krystallisirt heute noch — in der Einrichtung des Depôt-Wesens, in dem Betriebe der Depôts vorwärts und rückwärts zu den Lazarethen. Hier hat der Büreaukratismus seine Stelle, wo er sterblich ist! Er meint in seinen für alle Centralisations- und Decentralisations-Fragen und Maßnahmen mit der nnfehlbaren Actenweisheit den Stein der Weisen gefunden zu haben. Er irrt darin! Die Beziehungen der Armeen zu den drei großen Haupt-Depots zu Coblenz, Mainz und Mannheim waren trotz unseres unentwegten Vorrückens (welch ein seltener Fall in der Kriegsgeschichte!) nicht allzeit vorwurfsfrei. Die Verkehrs-Hemmnisse will ich garnicht fortleugnen. Aber ich möchte der Regie künftiger Arrangements dieser Gestaltnng die eine Frage nur recht ernst vorlegen: „Was soll mit diesen Inscenirungen geschehen, wenn unsere Armee jemals, von einem verfolgenden Feind gedrängt, rückwärts ginge?".. Ich wage den Fall gar nicht auszudenken und meine Bilder werden meine bescheidene Antwort bringen!!....

Wir traten den befohlenen weiten Marsch nach Laon sofort an... Umpackungen, Vertheilungen u. s. w. hatten den Wagenpark auf elf Wagen mit dreiundzwanzig Pferden reducirt. Mit diesen rückten wir wenige Tage nach jener grauenvollen Catastrophe, in der die Citadelle von Laon in die Luft gesprengt war und sechszig Sangerhäuser Jägern, einigen Officieren und zweihundertsechsundfünfzig Franzosen das Leben gekostet hatte, in diese hoch auf einem Felsenkegel, mitten in einer schönen Ebene, gelegene Stadt ein. — Ich fand liebenswürdiges Entgegenkommen Seitens des zeitigen Commandanten, eines Stabs-Offiziers vom 26. Regiment — ich glaubte also endlich einem Armee-Corps nahe zu sein, dem von vornherein mein eigentliches Sehnen und Streben gegolten... Ich täuschte mich... Besagtes Bataillon stand gänzlich isolirt. Die Stadt machte den wundersamsten Eindruck. Halb auf jener Seite zerstört, wo der Hauptdruck der furchtbaren Explosion — man sagt, es seien 26 000 Kilo Pulver gewesen, — gewüthet hatte, lagen in allen Straßen Mauern um; Balken, Thüren und Fensterkreuze hingen, wie zerbrochene Streichhölzer, zerrissen in der Luft, — der Erdboden war mit Milliarden Glassplittern, wie mit Diamanten, besäet, — mißtrauische, verwundete und weinende Menschen nur hier und da vorkommend — die Läden meist zugemacht — die Citadelle, ein Krater in unbeschreiblicher Verwüstung und täglich neu gefundene Leichen! ... Meine Wagen brachte ich vorläufig in einen Kasernenhof und ließ sie bewachen. Am andern Morgen wollte ich an die Arbeit gehen — aber an diesem anderen Morgen standen zwei Aerzte an meinem eigenen Bette! ... Eine recht heitere, nette Ueberraschung ... Sei es Erkältung, oder beispiellose Ueberanstrengung, sei es, daß ich der herrschenden Epidemie unterlag — kurz ich war in einem Zustande von Dyssenterie, der nichts zu wünschen übrig ließ. Während ich mich in den wüthendsten Schmerzen krümmte, schmausten meine lieben Begleiter bei Monsieur Dervigny, in dessen Hôtel wir gastlich aufgenommen und der ein Kochkünstler und was mehr werth, ein guter Kerl war. Denn da ich für poulardes aux truffes und dindons à la sauce diable momentan unempfindlich war, bereitete er mir der Wassersuppe herrliches Labsal und pflegte und wartete mein in dankenswerthester Weise. Ich drücke ihm im Geiste die Hand! ... In meinem Krankenzimmer hatte drei Tage vorher der Erbprinz von Anhalt gelegen, — sein Name stand noch an der Thüre ...

Die Sache ging fünf Tage lang — in freilich angreifendster Form — ihren Weg. Meine Freunde, denen die Begleitung und Heimreise mit zwei bei der Explosion verwundeten Offizieren angetragen ward, gingen auf diesen Vorschlag ein und verließen Laon und mich. Am neunten Tage kroch ich wieder unter die Menschen. Der junge Theologe und der Kutscher waren bei mir geblieben. Ich sah aus, wie Banquo's Schatten und die Situation, in der wir uns Alle befanden, trug gerade nicht zur

Erheiterung und Kräftigung eines Rekonvalescenten bei. Hier das sich selbst und uns mißtrauende Volk von Lâon — Aufregung, Wuth, Schmerz, Noth überall — wenige Meilen links und rechts Soissons und La Ferté, zwei Festungen mit einer, dem zusammengeschmolzenen Battaillon zu Lâon weit überlegenen Macht noch in Feindes Besitz — auf fünfunddreißig Kilometer Entfernung etwa die ersten, erreichbaren deutschen Truppen — die Untersuchung gegen den — übrigens schuldlosen — Commandanten der Citadelle im Gange, der Präfect verhaftet und vor ein Kriegsgericht gestellt, — täglich Todesfälle und Typhus, Dyssenterie, auch die lieblichen Pocken in sichtlichem Wachsen!...

Die Arbeit begann und wahrlich: es gab Riesenarbeit in Hülle und Fülle. Ich packte Alles aus, sichtete, inventarisirte, vertheilte. Der Saal der Mairie war mein Depôt. — Das Sessionszimmer mein Comptoir — Ex-Kaiser und Ex-Kaiserin blickten mit unverkennbarem Wohlwollen aus ihrem goldenen Rahmen auf die deutschen Liebesgaben nieder, die selbstredend auch den schwerverwundeten Franzosen im Hôtel Dieu zu Gute kamen. Der dort behandelnde französische Arzt stand wissenschaftlich unter meinem polnischen Collegen aus Beauzée — ich hätte ihm nicht ein Hühnerauge anvertraut! Dabei trug er selbstredend feinsten Frack, weiße Cravatte und zwei Orden. In seiner Obhut lagen auch als Typhus-Reconvalescenten einige Elsasser, die man hier bongré-malgré in die Mobilgarde gepreßt hatte. Diese vertrauten mir eines schönen Morgens, daß „Monsieur le docteur" gegen die Reize mehrerer meinerseits ihnen geschenkten, sehr leckern Schinken höchstselbst nicht unempfindlich sei — ich brauche wohl nicht zu erwähnen, daß ich in meinem nächsten, sehr deutlichen Gespräch mit diesem Herrn den dictionaire de l'academie française mit einigen germanischen Wendungen bereicherte, die in ihren Wechselbeziehungen von jambon-polis ... u. s. w. das homerische Gelächter des ganzen Saales wachriefen! Ich hatte mir natürlich zum „hostis" auch noch den „inimicus" erworben. —

Unsere deutschen Aerzte entfalteten eine staunenswerthe Thätigkeit! Wenn so das Amputiren zur Tagesordnung wird — es kostet doch mehr Nerven und Kraft, als „unsere Schulweisheit sich träumen läßt." Ich schrieb in den Mußestunden Artikel und Briefe — letztere: unzählig, da wunderlicher Weise der kranke Soldat dem Arzt, dem er doch so Unendliches verdankt, durchaus nicht gern seine Privatverhältnisse, Sorgen der Heimath und sonstigen discretionären Beziehungen mit dem Vaterlande anvertraut — viel leichter und lieber dem täglich besuchenden „Liebesgaben-Onkel."

Endlich erschien auch hin und wieder — neben der wohlthuendsten Liebenswürdigkeit der Herren vom 26. Regiment ein humoristischer Sonnenblick in diesem „Grau in Grau." Ich rechne dazu die Redactions-Versuche des mit Erlaubniß des preußischen Commandanten von Laon wieder erscheinenden „Courier de l'Aisne", der eine ingrimmige Wuth unter allerhand demokratischer Salbaderei gern durchschmuggeln wollte. Dem biedern Verfasser, einem ächten „Schmock aus den Journalisten" strichen wir die „Diamanten" fort und ließen das geschmacklose Knochengerippe seiner Fassung ruhig passiren...

Die in den letzten Aufzeichnungen kurz skizzirte Odyssee von Pont-à-Mousson resp. von Gravelotte nach Rheims, von da nach Laon, von hier nach Dammartin und von dort nach einem fast fünfmonatlichen Standquartier im Nordosten von Paris nach Eau-bonne, — würde schon allein genügendes Material zu einem Roman bieten, in dem Ernst und Humor, Licht und Schatten in den wunderlichsten Photographien jäh miteinander wechselten.

Der grüne Lorbeerkranz von Gravelotte war gewunden!.. Wer will sagen, es habe dieses oder jenes Corps ein blühenderes Reis hinzugetragen? Sie wurden alle in blutdurchfurchtem

Boden gepflückt und in treuer Waffengemeinschaft von preußischen und sächsischen Elitetruppen, die hier das Blut aneinanderkittete... Und Blut ist ein ganz besonderer Saft!!!

Zurück zu meiner Kriegsfahrt... Mein Wagenpark von anfangs 31, später 17 Wagen — bespannt mit allen denkbaren Kreaturen des edlen Thieres der Schöpfung, das man sonst „Pferd" nennt, geleitet von einem Konglomerat von Kutschern, wie sie die wildeste Phantasie eines penny-reporters für „Vermischtes" nicht komponiren würde —, ohne eigentliche Legitimation, ohne Bedeckung, ohne Generalstabskarte, ohne directes Recht auf Einquartirung.... so bewegten wir uns durch das fremde feindliche Gebiet, etwa 500 Kilometer nach und nach zurücklegend.

Allein die Begeisterung, der heiße, unentwegte Wunsch, im Mittelpunkte der Maas-Armee der praktischen Humanität einen Altar unseres eigenen und eigenartigen Gefüges aufzurichten, hielt uns aufrecht!.. Ich darf mich nicht in kleinliche Details verlieren, — ich will aber doch, unbedingter Wahrheit getreu, die hervorragendsten Wagenlenker der Kolonne skizziren. Es waren ein königlich preußischer Legationsrath, zwei Rittergutsbesitzer, ein Kandidat der Theologie, zwei Apothekergehülfen, ein Klempnermeister, zwei junge Kaufleute, ein Literat, ein Kunstreiter, ein Schornsteinfeger und eine wechselnde Anzahl rekonvaleszenter Soldaten, die ihre Truppen suchten — dazu katilinarische Existenzen aus Feindesland, die einen höchst zweifelhaften Anspruch auf Pferd und Gefährt machten, in buntem, oft täglich neu rekrutirten Durcheinander.... man wird zugeben, daß diese Mischung von Kutschern — in Disciplin von gespannten Revolvern — auf ungebahnten, unbekannten Pfaden mindestens den Reiz der.. Originalität beanspruchen darf!..

Und doch ging diese Kriegsfahrt der Civilisten! Und sie hatte, neben dem unbezahlbaren Erfolge, das Selbstbewußtsein und die Kraft des Einzelnen in täglichen Abiturientenexamen zu prüfen und zu stärken, den enormen Vorzug, uns die weisen

Doktrinen der Entsagung zu predigen und uns zu belehren, wie unglaublich thöricht damals die superklugen Kritiken des heimathlichen Löschpapiers waren, wenn sie sich mit den heikeln Fragen der Armeeverpflegung, der Gründung und Ausrüstung der Hospitäler hinter der Armee, der Organisation des Nachschubs von Verstärkungen, speziell der großen Evacuations- und Verproviantirungsfragen beschäftigten und hier rücksichtslose und schonungslose Urtheile zusammenbrauten.

Wahrlich, diese Katheberweisheit des Sessions-Saales und des Redaktionszimmers daheim, bei „Muttern" oder im liebgewordenen Eckchen des allweisen Stammtisches der stereotypen Kneipe — sie hat in solchen geharnischten Tagen gar viel Verletzendes für „Die da draußen" und Lächerliches zugleich. Auf sie paßt das geflügelte Wort, das Schiller in den Piccolominis dem Herzog von Friedland in den Mund legt: „Wär' der Gedank' nicht so verwünscht gescheidt" u. s. w. Wo in Marsch und Kampf und in täglich neuen, unerhört sich thürmenden Schwierigkeiten alle Aktenweisheit in die Winde fliegt, oder durch Blut unleserlich wird, da hört der Werth alleinseligmachender Reglements und die Buchstabentheorie jeder Rechthaberei auf!... Ich bin gewiß der Letzte, der dem großen siegverbürgenden Wort „Disziplin" seine Kränze versagen möchte, im Gegentheil —, aber im Rahmen der gegebenen Paragraphen muß im Kriege gerade denjenigen Faktoren, die hier in Rede sind, den amtlichen, wie den freiwilligen, eine möglichst dehnbare Freiheit und Selbstständigkeit gewährleistet sein, wenn die Radien in den konzentrischen Kreisen der wunderbaren Organisation scharf ineinander greifen sollen. Da ist jede Rezension und Kritik von „daheim," die mit den „benannten Zahlen" des Moments nicht zu rechnen und nicht zu rechten versteht, vom Uebel!...

Wenn man an den grünen Tischen das doch beherzigen wollte!...

Das Institut unserer Armeeverpflegung ist ein ganz aus-

gezeichnetes —, die Organisation ist mit klarstem und erfah=
rungsreichsten Blick und Strich geplant und vorgeschrieben.
Aber die Intendantur hat von jeher für unbedachte und kränkende
Worte ihren breiten Rücken hergeben müssen, mehr denn jedes
andere militairische Institut! . . . Und sie verdient doch ein
glänzendes Zeugniß erprobter Pflichttreue und Thatkraft! In
dem großen Generalstabswerk des französischen Krieges ist das
auch in und zwischen den Zeilen zu finden. Dem so oft und
mit so undankbarem Achselzucken übel beleumundeten und nicht
für „voll" angesehenen Train ist denn endlich auch sein ganzes,
verdientes Recht geworden . . . . Leute unseres Kalibers, die
wir „kalt lächelnd" in die Chausseegräben mußten, wenn die
athemlose Truppe vorwärts stürmte, — wir wissen es am besten
zu beurtheilen, wie wenig Rosen diesen Stiefsöhnen des Mars
erblühten! . . Doch grade mich regt die Dankbarkeit an, dem
über die Schultern angesehenen Train und Wagenpark ein
bescheiden Wort der Anerkennung nachzurufen! . . .

Anfangs Oktober ward ich von Dammartin — wohin ich
von Laon aus mein Depôt gebracht hatte, — nach Ferrières
befohlen. Fürst Pleß und General von Stosch betrauten mich
mit einem eiligen Auftrage nach Deutschland. Ich hatte kaum
Muße, mir die Märchenpracht des Rothschild'schen Schlosses an=
zuschauen, das zur Zeit den greisen König beherbergte. Ich
weiß nur noch, daß der Park entzückend, die Säle, wie die
Räume einer ziemlich geschmacklos inscenirten Kunst=Gewerbe=
ausstellung aussahen und die beispiellose Armuth unten im Dorfe
Ferrières vis-à-vis dieser Millionenpracht — auf mich einen
höchst fatalen Eindruck machte:

Ich jagte nach Deutschland in einer abenteuerlichen Fahrt
auf Lokomotiven u. s. w., — kaufte schnell mehrere tausend Hammel
für Rechnung der Behörde, hielt in der Heimath ein Paar —
für meine Zwecke, Gott sei Dank, zündende Versammlungen
ab, in denen ich dem seligen Demosthenes Alles ablauschte, was
ich je Rühmenswerthes von ihm erfahren! Ich nahm „alle

Kraft zusammen, die Lust und auch den Schmerz," organisirte meine Nachsendungen durch das Engagement (ich weiß keinen präziseren Ausdruck) edler wohlthätiger und opferbereiter Frauen, den weiblichen formvollendeten Generalstab meiner Depôts, und jagte — zum Theil wieder den Lokomotiv-Platz neben dem Heizer und andere Vorzüge königlicher Kouriere für mich dreist und gottesfürchtig ausnutzend, nach dem ersehnten Ziele meiner Thätigkeit zurück. Diese sollte nun erst in die Bahnen ihres eigentlichen, von vornherein geplanten Betriebes gelangen . . .
Ich bemerke für alle meine dereinstigen Nachfolger, daß die Form der Packete eine wesentliche Hauptsache ist und man Packete mit Verbandzeug für erste Hülfe auf dem Schlachtfelde niemals über 2½—3 Kilo schwer zurecht machen soll. An anderer Stelle werde ich mich über den Inhalt äußern! . . .
Wie hätte ich ohne die Liebenswürdigkeit entgegenkommender Intendanturbeamten und ausgezeichneter Offiziere, ohne die werkthätige Hülfe freundwilliger Trainkolonnen und Munitionszüge jemals die Tausende und Abertausende von Zentnern, Kleidungsstücke und Nahrungsmittel, in meine Depôts und Lazarethe bekommen, die doch mein Stolz und meine Freude, ja — rund heraus gesagt — das Relief und die Folie waren, auf der meine gesammte Spezialberechtigung als kleines Glied in der großen Kette fußte? . . .

Ich möchte hier gleich eine anspruchslose Randbemerkung einfügen, die nicht verloren gehen möge, denn „was geschah, kann wiederum geschehen" — sagt Scherenberg.

Die Sendungen der von mir erkauften Hammel waren für verschiedene Raten und Termine vereinbart. In Frankfurt a. M., in Neustadt a. d. Haardt wurde ein Theil geschlachtet und eingesalzen. Ein patriotischer Gutsbesitzer und Freund, dem ich das Bild meiner Typhus-Rekonvaleszenten und die Nothwendigkeit einer guten Bouillon und einer nothwendigen Abwechselung zwischen Reis und Erbsen und nur gesalzenem Pökelfleisch recht eindringlich geschildert, hatte die nicht hoch genug zu

preisende Idee ausgeführt und für mich bei benachbarten
Gewerbsgenossen 100 Stück fette Hammel gesammelt, die mir
nun frei mit der jedesmaligen staatlichen Sendung zugingen!!
Ahnst du wohl, verehrter Leser, was es heißen will: hundert
fette Hammel zu besitzen, wo es Brigaden und Divisionen gab,
die seit Monaten kein Kilo frisches Fleisch gesehen hatten und von
einem Hammel-Cotelette wie von einer „Märchen-Prinzessin"
sprachen? . . . . Diese „Liebesschöpse", wie sie sehr bald der
Soldatenmund im Bereich der Maas-Armee taufte — und aß,
hatten als besondere Kennzeichen ein in die Wolle eingetheertes
schwarzes M. B. auf dem Rücken, das die Intendantur respektirte,
und kein Bräutigam kann seine Braut so liebesehnend erwarten,
wie ich in der häßlichen Zeit der Typhusepidemie im November
zu Eau-bonne meine „Liebeshammel". . . . Ich besitze noch eine
prächtige Lithographie meines Depôts zu Eau-bonne. . . . Der
leider allzufrüh heimgegangene Herr v. Rochow, ein ebenso ausgezeichneter, als liebenswürdiger Offizier, der im General-
Kommando des IV. Armee-Corps adjutantirte, zeichnete sie und
schenkte sie mir zu Weihnachten — da stehen meine „Liebeshammel" auf dem Hofe und drunter steht (jedem Schweizer-
Reisenden verständlich) „Bauer au lac!!" Mein Humanitäts-
Hôtel hatte billige Preise, und der Portier und Oberkellner
hieß „Kamerad"!! . . . . Bouillon und Backobst, Häring und
Käse, Schinken, Schmalz und Zucker . . . . welch' poetische und
pro momento seltene Genüsse, welch' kulinarische Extravaganzen
hier mitten im Felde, wo wir zwar wöchentlich ein verborgenes
Weinlager mit findiger Nase aufspürten, wo doch aber das
Pfund Butter vier oder fünf Francs kostete, Pulver statt des
Salzes genommen wurde und ein Glas Bier — heiliger
Gambrinus! — geradezu in das Reich der Legende gehörte! . .
Ach, ich könnte über die „Philosophie des Geschmacks im Felde"
ein ganz nettes Supplementbändchen zur „Brillat-Savarins"
berühmten und viel zu wenig gewürdigten Buche schreiben —
ich könnte ein halbes Dutzend Anekdoten erzählen, die Herrn

Herrmann Abraham und andere vortreffliche Komponisten schmackhafter Volksnahrung ob des genialen Erfindungs=Talentes preußischer Unteroffiziere vor Neid erröthen machten, — ja, ich könnte einen ziemlich bekannten und renommirten Chef eines unserer ersten Restaurants „Unter den Linden" namhaft machen, den ich um Weihnachten herum in St. Germain bei der Garde= Landwehr fand und mit einem Viertel Schinken vom jähen Hungertode rettete — ihn, der mich so oft mit faisans aux truffes und anderen exquisiten chefs d'œuvres seiner treff= lichen Küche regalirt hatte. . . . . Wir drücken uns noch heut verständnißinnig die Hand und brummen, — wenn wir auf Frankreichs Küche zu sprechen kommen, den Refrain des guten Liedes: „Sprich, Kamerad, gedenkst Du noch daran?"

Und Ihr, die Ihr in alledem vielleicht nur die glücklichsten Resultate eines kühnen „Sport", eines günstig verlaufenen dreisten Extemporé sehet — was sagt Ihr dazu, wenn ich Euch in die Geheimnisse meiner Journale, die ein liebenswürdiger Ablatus, ein Kandidat der Theologie — jetzt längst Consistorial= Rath — der Oberbrahmine meines Depots, führte, hineinblicken lasse, und Ihr leset dann, daß der Prozentsatz unserer Mor= talitätsfälle in der Maas=Armee im viermeiligen Umkreise des Eisengürtels, den wir um die stolze Schöne gelegt hatten, der bei weitem kleinste war, — daß nirgends die Gesunden so schnell wieder in der Vorpostenkette Dienst thun konnten, als bei uns? Was werdet Ihr sagen — werdet Ihr sehr bureau= kratische Falten ziehen, einen fadenscheinigen Sessionsfrack an= ziehen und schließlich mich zur Disciplinaruntersuchung ziehen, wenn ich Euch ganz vertraulich zuflüstere, daß ich Excellenz Stephan ins Handwerk pfuschte und diverse kleine Packete an die Soldaten meines Heimaths=Armeecorps unter persönlicher Adresse und nur auf persönliche Abholung lieferbar, in meine Waggons einschmuggelte, die das „rothe Kreuz" schmückte und garantirte, die mir liebenswürdigen Eisenbahn=Directoren — il y en a! — achtmal nach Mitry, Eau-bonne, Montmerency,

Chateau Thierry u. a. O. sendeten, und so die freilich beschränkte Möglichkeit einer ziemlich regelmäßigen Verbindung mit „Muttern" in Scene setzte? Wollt Ihr mich verurtheilen?.. Warum that ich es denn?.... Seien wir doch ehrlich! Nicht allein und nicht lediglich etwa aus unverfälschter, reiner, selbstloser Soldatenliebe, — nein! Sondern, weil ich mir die ewig nothwendige und ewig neu sprudelnde Quelle des Wohlthuns und der Opferfähigkeit und Opferwilligkeit der engeren Heimath für Alle flüssig und elastisch=frisch erhielt!! — Denn welchen enormen Werth es hat, wenn die Heimath weiß und dessen gewiß ist, daß die ohne Pause strömenden Liebesgaben auch thatsächlich positiv und zweifellos in die Hände „Ihrer Jungens" kommen, davon hat kein Mensch eine Ahnung, als der, der gleich mir beweisen kann, daß er in fünf Monaten vor Paris allein für 350—450 000 Mark Sachen und Viktualien gesendet bekommen und vertheilt hat!

Ich weiß sehr wohl, daß der Divisor eines Armeecorps von 30 000 Mann jede einzelne Gabe nur unbedeutend ausfallen läßt, — weiß, daß mich eminentes Glück dabei unterstützte, — weiß, daß eine derartige Regie nur klappen kann, wenn man eine eiserne Gesundheit, Energie und eine Dreistigkeit hat, die immer an Unverschämtheit grenzt, wenn man schließlich entweder lange still an einem Orte liegt oder wie wir, unaufhaltsam vorrückt, und die Armee nie eine Sekunde rückwärts geht oder gar flieht.. ich bin mir all' dieser nüchternen Fragezeichen jener subalternen Bedenken, die mir oft genug das Leben verbitterten, vollkommen bewußt! Aber ich frage die hochweisen Kritiker: „Wißt Ihr auch, was es heißt, wenn so ein erfrorener Füsilier vom häßlichen Vorpostendienst an der Seine bei 16 Grad Kälte ins Quartier kommt, Ihr ihm einen Brief und ein Packet von der Mutter, oder dem Schatz daheim geben könnt, noch ein Paar Strümpfe, einen Shawl und ein Paar Fausthandschuhe, ja, eine halbe Speckseite dazu, und er Euch dann mit thränenfeuchtem Blick die Hand drückt??..... Wißt Ihr das, Ihr Hochgelehrten vom „alleinseligmachenden Paragraphen?" Nun, ich sage Euch, — bei allem ehrerbietigen Respekt vor dem letzten Buchstaben der Kriegs=Artikel — „ich weiß es noch, als ob es gestern gewesen wäre, und mir klopft das Herz noch heute voll Freude und Genugthuung in der fünfundzwanzigjährigen Reminiszenz, und wer dies Gefühl nicht kennt — — der hat eben in solchen Dingen nicht mitzureden. Er spricht, wie der Blinde von der Farbe!!" Basta!!..... Als mir der selige Minister Dr. Friedenthal die Ehre erwies, meine Anschauungen über freiwillige Krankenpflege im Felde zu hören, als mich namentlich die hochselige Kaiserin Augusta zu einem Specialbericht ad hoc aufforderte, den ich 14 Bogen stark der unvergeßlichen und unerreichten deutschen Fürstin vorlesen durfte, da habe ich mich ebenso rückhaltslos geäußert wie hier!!... Basta!!...

.. Die letzten Andeutungen könnten hier und da den Verdacht erwecken, als wären sie von einer gewissen Voreingenommenheit für den Werth der Liebesgaben=Thätigkeit oder gar von der Anmaßung diktirt, als dürften wir — die Privat=Standarten=Träger des „Rothen Kreuzes" — uns als einen hoch berechtigten Faktor in dem genialen Organisationsplan für den Verpflegungsapparat einer großen Armee breit machen..... Davon ist gar keine Rede! Ich weiß sehr wohl und möchte auch für etwa kommende Fälle den Gesichtspunkt der freiwilligen Hülfsthätigkeit nie anders präzisirt und betont wissen — als daß das „rothe Kreuz" nur den chirurgischen und Verpflegungs= und Bekleidungsluxus für die heimathlichen Truppen zu beschaffen, zu inszeniren und zu verwalten sucht. Daß ich zu solchem „Luxus" schon Strümpfe und wollene Jacken, Speck und einen Extra=Schluck „Husarenkaffee" rechne, versteht sich von selbst!.. Ich habe aber dabei immer die kämpfende, gesunde und nicht blos die verwundete oder kranke Mannschaft im Auge, — und grade das unterschied und unterscheidet — ich bitte, das recht fest im Gedächtniß zu behalten — — meine Perspektiven wesentlich von denen, die bisher üblich und ausführbar erschienen.

Den Vorwurf einer idealen Auffassung lasse ich nicht gelten!...
Das Examen ist bestanden und ist durch eine neue elastisch ge=
fügige und entgegenkommende Organisation der Etappen = Com=
mandeure immer wieder zu bestehen. Hier dürfen natürlich
keine Buchstaben = Menschen kommandiren, die jedem freien
Athemzug ein kaltes Achselzucken entgegensetzen! Was es heißt:
diesen Luxus und seinen dehnbaren Begriff bis ins äußerste
Raffinement zu potenziren, dafür haben wir in den Erfrischungs=
und Verbandstationen der Bahnhöfe u. s. w. einige wenig er=
quickliche Beispiele gehabt, deren Schablonisirung ich wahrlich
nicht das Wort reden will! Aber ein Hand=in=Hand=gehen mit
den Intentionen eines liebenswürdigen Intendanten ist fast überall
thunlich und ersprießlich und von höchstem, zweifellosestem Werth
gerade auf dem vorrückenden Marsch einer Truppe, wo — wie
während des Vormarsches auf Paris — die Verpflegung fast lediglich
durch Requisitionen erfolgte und jeden dritten oder vierten Tag
ein kleines ambulantes Lazareth zu inszeniren war, für dessen
momentane — und meist sehr bringende Bedürfnisse — der
kleine Medizinwagen des Bataillons nicht entfernt ausreichte
und nie ausreichen wird!...

Ich darf an dieser Stelle wohl um eine kurze Aufmerksam=
keit für meine Auffassung der Situation künftiger Schlacht=
felder — vom Gesichtspunkt der freiwilligen Krankenpflege —
bitten...

Den beiden berühmtesten Chirurgen Deutschlands und
Oesterreichs gebührt das Verdienst, die jetzt mehr als je brennende
Frage beantwortet zu haben: „Wie in einer großen Schlacht
künftigen Maßstabes in Folge der außerordentlichen Steigerung
der Leistungsfähigkeit des Kleingewehres (des kleinkalibrigen
Repetirgewehres in Verbindung mit dem rauchlosen Pulver) die
enorme Zahl von Verwundeten aufgelesen, verbunden und der
Heilung zugeführt werden soll?... Hierbei muß noch der un=
geheuren Menschenmassen — Vermehrung gedacht werden, die
im Kampfe an einander gerathen werden. Diese hochwichtigen

Fragen haben die beiden Chirurgen aus dem Schoße der verschiedenen Kriegsverwaltungen, der Vereine vom „Rothen Kreuze" und der Fachjournale hervorgezogen und nun der allgemeinen öffentlichen Diskussion überliefert. Aus allen Auseinandersetzungen geht der Ruf hervor: „Ist der Sieg erkämpft, dann hat das Herz um so mächtiger zu sprechen, und mit derselben Energie, mit welcher nach dem Siege gerungen wurde, muß dann auch danach getrachtet werden, Diejenigen, die mit ihrem Blute den Sieg errungen haben und leidend auf der Wahlstatt liegen, dem Verderben zu entreißen. Hat diese Pflicht auch immer bestanden, so ist sie doch zur Zeit eine um so erhöhtere, da der Staat durch die allgemeine Wehrpflicht alle Elemente seiner Bevölkerung, auch die geistige Elite derselben, der Staatsvertheidigung dienstbar gemacht hat. Es ist eine imponirende Beglaubigung der wachsenden Humanitätsbestrebungen unserer Tage, daß namentlich in den Herzen der Frauen einer disciplinirten Vereinsthätigkeit, die immer eine unentwegt vorbereitende sein muß, diese Gedanken ein überraschend schönes und praktisch wirksames Echo gefunden haben . . . ·

Ein Paar Winke der Erfahrung werden dabei erlaubt sein . . . Die enorme, über vier Kilometer in die Tiefe des Schlachtfeldes reichende Tragweite der Gewehre, die vermehrte Rasanz der Flugbahn und die geradezu verblüffende Perkussionskraft der Geschosse, welchen nur wenige der im Terrain vorkommenden gewöhnlichen Deckungsmittel zu widerstehen vermögen, hat zur Folge, daß auf einem ebenen Kriegsschauplatze, wie er unserer Armee beschieden sein kann, der im Kriege ohnehin sehr schwer wiegende Faktor der Zufälligkeitstreffer bis zu einem solchen Grade gesteigert werden wird, daß alle bisherigen Bestimmungen über die beiläufigen Entfernungen der Hilfs- und Verbandplätze von der Feuerlinie und über die Art ihrer Etablirung, über die Thätigkeit der Blessirtenträger — und Sanitätspatrouillen, über die Verwendung der Sanitätsfuhrwerke u. s. w. größtentheils hinfällig geworden sind. Während einer tobenden Schlacht wird an ein Zurückgehen, Zurückgeleiten oder Zurücktragen der Verwundeten zu den Hilfs= und Verbandplätzen, oder gar an ein Entgegensenden der Blessirtenwagen in die Nähe der Feuerlinie — wie wir das 1870—1871 gewohnt waren — nicht zu denken sein, wenn man das schwer, zum Theil gar nicht zu ersetzende Sanitätspersonal, die Bespannungen und selbst die Fuhrwerke nicht binnen kürzester Zeit vollständig opfern und auch die Verwundeten nicht der erhöhten Gefahr neuerlicher Verletzung aussetzen will! . . . Die Hilfs= und die Verbandplätze — namentlich aber die ersteren — werden während der Schlacht sehr bedeutend weiter zurück verlegt werden müssen und auch dort die für eine möglichst ungestörte Arbeit der Aerzte erforderliche Deckung nur dann zu finden sei, wenn ihre Etablirung in oder hinter massiven Gebäuden, oder in bedeutenden Bodenvertiefungen möglich ist, oder wenn sie sich künstlich eingraben — was aber — in Anbetracht des erforderlichen großen Raumes — nur mit Hülfe zahlreicher Arbeitskräfte und eines großen Zeitaufwandes erzielt werden könnte, also in den seltensten Fällen möglich sein dürfte. Es wird damit die Auf= lesung und Bergung der Verwundeten — namentlich aus der eigentlichen Gefechtslinie, die einen längs der Front laufenden Streifen von mehr als 1½ Kilometer Tiefe in sich schließen wird — erst dann möglich sein, wenn eine nahmhafte Vorrückung der Truppen erzielt, oder die Schlacht überhaupt entschieden, oder endlich der Kampf durch das Hereinbrechen der Nacht (die ein stillschweigendes Uebereinkommen zum Waffenstillstande machen wird, weil Freund und Feind Zeit zu gewinnen trachten muß, seine Verwundeten bergen, seine Truppen wenigstens nothdürftig laben und nähren zu können) unterbrochen sein wird . . .

Die künftigen großen Schlachten werden sich also — der Zeitdauer nach — sehr träge hinschleppen, und inzwischen wird das Gewehr — und Geschützfeuer verheerend wüthen! Die Kämpfe werden thatsächlich „Aderlässe bis aufs Weiße" sein, wie die künftigen Kriege — oder wenigstens der künftige Krieg —

im deutschen Parlamente schon wiederholt von sehr kompetenter Seite so treffend charakterisirt worden sind . . .

Ich glaube sonach kaum, daß Jemand noch weiterhin anzunehmen vermag, daß während eines solchen Massenkampfes mit den jetzigen Schießwaffen die Sanitätspatrouillen auf dem Schlachtfelde — so wie einst — ihre Gänge, die Blessirtenwagen ihre Fahrten machen können.

Es kann übrigens auch kein Heerführer einen allzu großen Sanitätstrain an die Spitze seiner Fuhrwerkskolonnen während des Kampfes auf das Schlachtfeld bringen lassen, ohne Gefahr zu laufen, daß Kommunikationen verstellt werden und in Folge dessen vielleicht Geschütz- und Munitions-Reserven im entscheidenden Augenblicke zur Herbeiführung des Sieges nicht rasch genug vorwärts gebracht werden können.

Jeder alte Soldat weiß es ja aus eigenen Erlebnissen, wie leicht sich Trains ineinander verfahren und so zur Ursache großen Unheils werden können. Da muß die Philanthropie schweigen und es entscheidet einzig und allein das kriegerische Ziel. So hart es dem Laien auch klingen mag, so ist es doch ein Gebot der Nothwendigkeit, daß in einem solchen Augenblicke jedes Fuhrwerk ohne Unterschied, welches der rechtzeitigen Verwendung der Zerstörungsmittel irgend wie im Wege ist, in den Straßengraben geworfen wird . . .

Darum genügt es wohl keineswegs, nur in der Zahl der Blessirtenwagen, Sanitätssoldaten und Sanitätswagen Abhilfe und Beruhigung zu suchen, sondern es fragt sich hauptsächlich: „Was hat zu geschehen, so lange ein Verwundetentransport unmöglich ist?" . .

— — Während des Kampfes kann der Schwerpunkt der ersten Hilfe nicht mehr, wie es bis jetzt der Fall war, sich auf den Hilfs- und Verbandplätzen befinden, sondern er muß — wenn auch für schwere Verletzungen nur nothdürftig — in die Gefechtslinie oder, unter den jetzigen Verhältnissen viel richtiger gesagt: überall dorthin verlegt werden, wo Verwundungen eintreten können, das heißt, es muß die Selbsthilfe oder die Hilfe durch einen Kameraden — soweit dies die in erster Reihe einzuhaltende Gefechts-Disciplin gestattet — organisirt werden, welche ihre möglichste Ergänzung durch gut geschulte, zweckmäßig ausgerüstete Blessirtenträger der Truppe an Ort und Stelle zu finden hat! Die Ausbildung solcher Männer ist momentan tadellos! — — —

— Um nun diesen Zweck zu erreichen, ist vor Allem nothwendig, dem heutigen Standpunkte der Wissenschaft entsprechendes — also für die Verwendung auf dem Schlachtfelde antiseptisches — Verbandmaterial überallhin zu bringen, was nur dadurch erzielt werden kann, wenn jeder Offizier, oder jede Person des Mannschaftsstandes — ohne Unterschied, ob Kombattant oder Nichtkombattant (denn letztere werden jetzt im großen Flächenraume eines Schlachtfeldes nur zu häufig Zufälligkeitstreffern ausgesetzt sein) mit dem Material zu einem Nothverbande versehen wird.

Jeder Soldat muß über den großen Werth des antiseptischen Verbandmaterials und die Gefahren, die mit der Verwendung unreiner Stoffe zur Blutstillung und Bedeckung der Wunden verknüpft sind, gründlich belehrt und mit der Anlegung eines Nothverbandes thunlichst vertraut gemacht werden.

Die weitaus größere Bedeutung ferner, welche der Dienst der Blessirtenträger unter den neuen Verhältnissen gewinnt, macht aber auch einen viel intensiveren Fachunterricht für dieselben dringend nothwendig!

Schon bei der Auswahl derselben muß in geistiger Beziehung auf ihre jetzt bedeutendere Intelligenz erfordernde Bestimmung etwas mehr Rücksicht genommen werden, als es bisher durchschnittlich geschah. Die Sanitätstruppe wird nach meiner Ansicht im Kriegsstande auch, und zwar eine nicht unbeträchtliche Vermehrung, aber nicht an Fuhrwerken, sondern an Offizieren und Mannschaften, erfahren müssen, um eine Lücke im Organismus auszufüllen, die sich sehr nachtheilig fühlbar machen könnte ...

Alle Offiziere und Mannschaften der Sanitätstruppe, welche jetzt zur unmittelbaren Thätigkeit auf dem Schlachtfelde bestimmt sind, haben ihre Eintheilung bei den Infanterie- und Kavallerie-Sanitätsanstalten und werden auf den Hilfs- und Verbandplätzen, bei den Ambulanzen und der Feld-Sanitätskolonne des „Deutschen Ritter-Ordens" selbst derart in Anspruch genommen sein, daß eine Verwendung derselben auch als Blessirtenträger, oder ihre Disponirung zur Verstärkung der Blessirtenträger der Truppen beim Eintritte außerordentlicher Verluste auf einzelnen Punkten des Schlachtfeldes ganz unmöglich sein wird. Es ist deßhalb dringend nothwendig, daß mindestens bei jedem Korps eine Reserve-Sanitätsabtheilung — etwa in der Stärke einer halben Kompagnie — ausgerüstet wie die Blessirtenwagen der Truppe — zur unmittelbaren Verfügung zu obigen Zwecken geschaffen werde.

Wenn dann die Lazareth-Thätigkeit (selbstredend vorher die Evacuation Verwundeter auf Eisenbahnen u. m.) beginnt, dann erst tritt unsers Erachtens die Frauenarbeit in ihren enormen Werth, in ihre unersetzliche Bedeutung. Ich werde mich nie und nimmer von dem Gedanken abbringen lassen, daß hart an der Grenze des Kriegsschauplatzes mit den heute so exemplarisch zu inscenirenden Baracken-Lazarethen die rothgekreuzte Standarte ihren Triumphesweg beschreiten kann, ja beschreiten muß! Hierher haben die großen Frauen-Vereine ihre besten, erprobtesten und energischsten Kräfte zu delegiren — hierher muß die Depôt-Arbeit von „daheim" ihre ersten fertigen Arbeiten senden — hier müssen die Damen aus den humanitär-hygienischen Kursen der heutigen friedlichen Mobilmachung der Frauen ihr großes Examen bestehen!! Und daß dies geschehe — — das walte Gott!! —

Als Toul, bei der anfänglichen Verpflegungsfrage der Armee vor Paris, den einzigen praktikablen Verkehrsweg zur Beschaffung umfassenderen Materials versperrte und an die

Eisenbahnen jene enormen, die Betriebsfähigkeit weit übersteigenden Ansprüche auf Beschaffung des riesigen Belagerungsparks u. a. m. gestellt wurden, da trat die praktische Seite meines bescheidenen Vorhabens — selbststrebend für einen ganz begrenzten Kreis — in die erfreulichste Erscheinung. Für die Maas-Armee war die 12. Kavallerie-Division nach Chantilly und nördlich von diesem Ort vorgeschoben, um aus dem reichen Norden dieses gottgesegneten Landes die Verproviantirung dreier Armeekorps durch Ankauf von Vieh, Getreide u. dgl. zu decken. Das gelang bald. Aber die Wenigsten ahnen, was es besagen will, die Fäden eines solchen kolossalen Betriebes in eine Hand zusammenlaufen zu lassen, was doch geboten ist. Dazu gehört eine bestimmte Genialität in der Lösung von Organisationsexempeln, vor der man, — als vor einer Art Inspiration unsrer weltberühmten Generalstabs-Organisation — nicht tief genug den Hut ziehen kann! Um ein Armeekorps einen Tag sicher zu verpflegen, dazu gehört der Inhalt eines vollen Eisenbahnzuges — um die Maas-Armee täglich ein Mal satt zu machen, dazu gehörten 750 Zentner Fleisch! ... Was wollten da ein Paar hundert Schinken und tausend Würste sagen, die ich freilich unbedingt stets hängen hatte, — daneben 10—12 kolossale Häringsfässer — zehn Schock Käse von Wagenrad-Größe, die ich mit dem Säbel zerschnitt und unentwegt 12—1600 Flaschen Cognac, Rum und Gilka? — —

Selbstverständlich ist Haltbarkeit und Lebensfähigkeit eines solchen eingefügten Depôt-Gliedes in die enorme Kette der Verproviantirungs- und Bekleidungsmaßnahmen einer Armee, selbst nur eines Armeekorps — man wolle niemals den Divisor der 30,000 vergessen! — nur dann möglich, wenn die bestimmte, fest garantirte Opferbereitschaft der Heimath nicht erlahmt, sondern eine unablässige und stetig sich betheiligende bleibt! ...
Die zweite Vorbedingung für den zweckentsprechenden Erfolg, — das sind die Nerven des jeweiligen Vertrauensmannes für eine derartige Regie. Wer sich nicht einer Gesundheit erfreut, wie

zwei Bären, nicht Nerven hat, wie das atlantische Kabel, wer eine Aversion gegen den unvermutheten Knall eines Gewehrs hat und dgl., der lasse die Hände hübsch davon . . . Allein die Verhandlungen mit den Franzosen, den wenigen gardiens, die wir während der häuslichen Arangements in der Zeit der Einschließung von Paris in den Städten, Flecken und Villen vorfanden und die stets „halb Kind, halb Bestie" waren, erforderten ein Nervensystem von ganz ungewöhnlicher Elastizität . . .

Ich mag an diesem Punkt nicht so hastig vorübereilen, ohne nicht gleich hier noch einmal aus den zehnfach unterstrichenen Glossen meiner ungedruckten Tagebücher den grenzenlosen Nonsens zu kennzeichnen, der in der hirnverwirrten Flucht der gebildeten und besitzenden Franzosen aus Eigenthum und Heimath lag, und sich so schwer bestraft hat. Je bevorzugter und reicher der Theil der nördlichen Enceinte von Paris war, den ich so speziell genau von den Oktobertagen 1870 bis Ende Februar 1871 kennen lernte — von Montmorency bis St. Germain —, um so tiefer darf ich die Thorheit beklagen, die in sinnloser Flucht ein Heil suchte und damit Alles verdarb! Hielten uns diese reichen Villenbesitzer in Enghien, Eaubonne, Sartrouville, Argenteuil und aufwärts an der Seine bis nach Versailles in der That für ein Abbild jener wüsten Halbbarbaren, mit denen sie ihren frivolen Spaziergang nach Berlin machen wollten? Sagten sie sich nicht, daß ein Daheimbleiben, ein Empfangen des Feindes, wenn auch mit zuckender Lippe, mit dem tiefsten Groll im Herzen, ihnen tausendfaches Ungemach und ungezählte Verluste erspart haben würde? . . . Es ist unglaublich, mit welcher an Wahnsinn grenzenden Furcht hochgebildete Familien den märchenhaften Zauber und Reichthum ihres Daheims eine Stunde vor unserm Einrücken verlassen haben. Ich habe angefangene Briefe in offenen Sekretairen gefunden, die ich heut noch besitze, — die den Datum desselben Tages trugen, an dem ich von Haus und Quartier der Entflohenen

Besitz nahm und Herr einer Einrichtung wurde, in der auch nicht ein Theelöffel fehlte . . . Wozu dieser Abscheu, diese forcirte Komödie, als ob die Hunnen und Vandalen einrückten? Und dann kamen post festum die entstellten und verlogenen Geschichten von den Pendülenräubern und dergleichen erbitterter und erbitternder Blödsinn! Daß aber Fünf=Sechstheil von dem, was ruinirt und gestohlen ist, von dem eigenen Abschaum von Gesindel veruntreut wurde, das man hier als Bock zum Gärtner gesetzt hatte, — dafür kann ich in Dutzend Fällen den Beweis der Wahrheit antreten und erhärten! . . . Für zehn Anekdoten nur eine! . . .

Argenteuil, eine Stadt von 6—8000 Einwohnern, lag an der Seine, etwa 1½ Stunden von meinem Stand=Quartier Eau-bonne. Es war eine der gefahrvollsten Positionen in der ganzen Zernirungslinie. Jenseits der Seine — hier 150 bis 180 Schritt breit — lagen, schaarenweise eingegraben, die Rothhosen und schossen mit Minié=Büchsen herüber, sobald sich nur eine Nase auf den Boulevard Hortense (oder Heloise) sehen ließ. Dieser Boulevard ist eine, an einer Seite mit reizenden Villen bebaute Promenade, hart an der Seine. Dabei gab der Mont Valérien seine liebenswürdigsten Visitenkarten in Form 12= bis 24pfündiger Granaten täglich zwei Stunden in der Stadt ab. Das geschah aber — es geht nichts über die geistreiche Organisation französischer artilleristischer Maß= nahmen — mit so präciser Pünktlichkeit, daß unsere Leute während dieser eisernen Begrüßungen ruhig in den Kellern der Häuser verweilen konnten.

Trotzdem war der Aufenthalt in Argenteuil ziemlich un= behaglich. Ich selbst hatte eines Nachts, als ich aus einem verlassenen Mädchenpensionat eiserne Bettstellen für meine armen Jungens nach Eau-bonne holte, die bei der nichtsnutzigen Kälte und dem Typhus nicht auf der Erde liegen sollten — freilich mußte ich die kurzen Bettchen der Demoiselles erst durch die Feldschmiede „strecken" lassen, sonst gingen meine Grenadiere nicht halb hinein — die etwas unerquickliche Bekanntschaft mit französischem Blei gemacht, das mir glücklicher Weise nicht in die Knochen ging, sondern als Uhrberloque verwerthet werden konnte..... Aber das Nest hatte für mich einen eigenthümlichen Reiz. Einmal lagen die liebenswürdigsten Offiziere der Garnison meiner engeren Heimath da, und zum andern hatte ich bei einer gelegentlichen Recognoscirung an dem gefährlichen Boulevard das gänzlich intakte Haus Michel Carrés, des berühmten Librettisten der Gounod'schen Opern gefunden — bis auf die Nippesfiguren auf der Etagère Alles in dem glänzendsten Arrangement eines feinen und distinguirten künstlerischen Geschmacks...... Ein alter betrunkener Gärtner öffnete uns widerwillig die Thüren. Ich ließ — die Läden mußten selbstredend geschlossen bleiben, sonst schoß man uns einfach in die Fenster, wie dies auch geschah, und zwar fiel die Kugel in die Suppenterrine, die eben aufgetragen ward — ein Paar Kronleuchter anzünden. Musikalische Freunde setzten sich mit mir ans Klavier, wir fanden die interessantesten und werthvollsten Notenmanuscripte und verlebten ein Paar köstliche Stunden des lang entbehrten echt künstlerischen Genusses..... Man wird zugeben, daß das Ganze — speciell in der gegebenen Atmosphäre einer dauernden Lebensgefahr — des Parfums einer ganz eigenartig pikanten Romantik nicht ermangelte! .. Dicht neben dieser „meiner" (?) Villa lag Ambroise Thomas' Haus, von Granaten zerschossen, und wir sahen, wie die freundlichen Kompatrioten die reichen Schätze dieser glänzenden Villa bargen, d. h. mausten, was selbstredend alles nachher a conto unseres „Rollens" gebucht ist! Das eckelhafte Gesindel zu verscheuchen, fehlte es an Zeit und Laune. . . .

In Carrés Villa hing ein entzückendes Oelgemälde, die verfängliche Situation Joseph's beim Besuch der Ministerin Potiphar — mantelhaften Angedenkens — darstellend... Ein Kenner, ein Kunstprofessor, zur Zeit Vice=Wachtmeister bei den sächsischen Dragonern, hielt es für einen Carlo Dolce von

enormem Werth. Daß es ein Meisterwerk war, begriff jeder
Laie. Ich sah dem täglichen Ruin der Villa entgegen und er=
zählte im Hauptquartier zu Margency von meinem romantisch=
musikalischen Abenteuer und der dabei gemachten Entdeckung.
Die Sache interessirte dort den Höchst=Commandirenden, den
Kronprinzen von Sachsen, unsern hochverehrten Chef, lebhaft, und
man beschloß, das Kunstwerk zu retten. Aber wie? Die Frage
beantwortete sich durch einen Zufall. Es lag — für wen, ist ja
uninteressant, ich weiß es, will den Empfänger aber nicht
nennen — jeden Morgen unter einem großen Steine einer zer=
schossenen Zuckerfabrik zwischen Epinay und Enghien die neueste
in der Nacht vorher in Paris gedruckte Nummer des „Con-
stitutionell". Der — selbstredend französische — Ueberbringer
fand mit peinlichster Pünktlichkeit dafür täglich 10 Francs an
derselben Stelle. Ich erkundete nun von meinem spritseligen
Gärtner die Wohnung von Carrés Vater in Paris — der
Dichter selbst war nach Belgien geflohen — schrieb an diesen, ließ
meinen Brief zu besagtem Goldstück legen und stellte dem alten Herrn
in der Rue d'Amsterdamm Nr. 10 die Rettung seines Kunst=
schatzes anheim.... Nach vier Tagen hing plötzlich der leere
Rahmen in der Musikstube — der jardinier lächelte verschmitzt
und glaubte nun vielleicht, das Ende meiner Besuche sei ge=
kommen. Er irrte sich..... Als ich — von Arbeit er=
drückt — gegen Weihnachten zum ersten Male wieder vorsprach,
fand ich die Villa, die ich wie ein sauber geordnetes Schmuck=
kästchen verlassen hatte, zum dritten Theil ausgeraubt, zerstört
und ruinirt. Ich war vor Wuth außer mir, und als ich den
betrunkenen Wächter dieses infam geschändeten Asyls der Kunst
etwas unsanft schüttelte und ob solcher Gemeinheit interpellirte,
lallte der Spitzbube lauter unverständliches Zeug.... Natürlich
wird nun in der Chronik von Argenteuil aus den Januartagen
von 1871 die saubere Mähr der Nachwelt aufgebunden, daß
„die prussiens Alles das pour Berlin geraubt haben!"....
So machten und machen noch heute die großen Kinder jenseits

der Vogesen „Geschichte und Geschichtchen!" Den Dankesbrief von Michel Carrés Vater erhielt ich später und bewahre ihn als Dokument für deutsche Zartheit und Ehrlichkeit!....

Nun aber wollen wir kurzen Blicks zurückschauen, wie eigenartig und zum Theil in märchenhaftem Zauber wir Weihnachten und Neujahr in Feindesland begingen....

Vorher sei noch flüchtig eines Briefes an den „Halle'schen Courier" erwähnt, der das Datum des 8. November aus Eaubonne trägt und eines Besuchs in Versailles erwähnt, den ich dienstlich zu machen hatte. „Ich fand da — so heißt es — eine wenig empfehlenswerthe Sorte deutscher Geschäftsleute, und über die ehedem anheimelnde Pracht des buenretiro des Vierzehnten Ludwig ist ein düsterer Schleier gezogen. In der Bildergallerie hatte ich officiell an Krankenbetten zu thun — ich brachte freilich keine Sympathie für Horace Vernet und seine Verherrlichung französischer „Gloire" mit, — die deutschen jungen Meister malen hier mit etwas kühnerem Pinselstrich! Wir aber, die Träger der rothgekreuzten Standarten, „wir lernten zu dieser Frist, daß „Wunden heilen" besser, als „Wunden schlagen" ist!"... Im Hôtel des Reservoirs tafelte eine hochinteressante Vereinigung von Officieren. Man aß da leiblich gut. Selbstredend wurde der biedere „Hammel" durch alle Geheimnisse der Kochkunst durchgejagt, um sein gutes Fleisch in allerlei Zubereitungsmethoden zu verwerthen. Auch in St. Germain im Restaurant Henri quatre habe ich — was das merkwürdigste ist — einen trefflich zubereiteten Seefisch gegessen, freilich ganz heimlich, denn selbstredend konnte der Wirth nur auf Spionen=Wegen zu dieser Delicatesse gekommen sein. Als ich im Hauptquartier Soisy dies kulinarische Abenteuer erzählte, lachte man mir in's Gesicht, — als ich am Abend spät von St. Germain nach Eaubonne fuhr und zwischen Herrn von Manteuffel und mir, in dem Moment, da ich ihn um Feuer zur Cigarre bat, von jenseits der Seine eine Kugel zwischen uns durchflog, da — — lachten

wir zuerst nicht — hinterher aber doch — was hätte uns denn ein sentimentaler Gedanke geholfen?.. Wir hatten freilich „zum heiligen Christ" eingekauft und wenn etwa vorher?.. Na, wie Gott wollte!....
Um eine einigermaßen ähnliche Photographie unseres höchst poetischen Weihnachtens zu geben, muß ich noch einen Athemzug weit ausholen und mit einem geharnischten Bilde voll Kampf und Graus beginnen, das gewissermaßen als typisch für die Ausfallscenen der Franzosen zwischen dem 15. November 1870 und der Uebergabe von St. Denis gelten darf.... Dies Bild habe ich nirgends in der mir seit fünfundzwanzig Jahren intim bekannten Literatur über den deutsch-französischen Krieg gefunden.

Die Wahrscheinlichkeit eines großen Pariser Ausfalls, der alle Gemüther vom Anfang des December an beschäftigte und uns in einer unaufhörlichen Wachsamkeit mit der Hand am Degen und dem Fuß im Bügel erhielt, sprach schon Ende November 1870 für die Richtung nach Süden, da dort die bedeutendste französische Armee, welche die Republik noch auf die Beine bringen konnte, unter dem Vertrauensgeneral Auxelles de Paladine stand, während die Armee des Nordens nach der vom General von Manteuffel gewonnenen Schlacht bei Amiens geschwächt zurückging. In Paris waren Trochu und Ducrot die letzten Säulen der Ruinen... Wie es da aussah, wußten wir leiblich genau, — wir wußten aber auch, — an Spionen fehlte es nicht, — daß die Befehlshaber im Seine-Babel in ununterbrochener Verbindung mit Faidherbe im Norden standen, und waren so keine Sekunde sicher, wohin sich die Demonstration — die lediglich den Feind täuschen sollte — und wohin sich der eigentliche Ausfalls- resp. Durchbruchs-Angriff wenden würde?..

Man sollte glauben, wochenlange Ungewißheiten solcher „Lebensfragen" seien unerträglich.... Es ist nicht so. Die wunderbare Elasticität der menschlichen Natur gewöhnt sich in fabelhafter Schnelligkeit an die Gefahr und deren mögliche Consequenzen und geht inmitten drohender Wetterwolken fast unbekümmert den blumigen Weg ihrer feindlichen Neigungen, als ob heiterer Himmel lächelte! So hatte ich einen wundervollen Steinway'schen Flügel aus einer imposanten Villa eines Amerikaners, die zu einem unsrer wichtigsten Lazarethe umgestaltet wurde (Leitungen von kalt und warm Wasser durch ein dreietägiges Schloß waren die bestimmenden Motive gewesen), in mein Domicil schaffen lassen, die Billardstube der dépendance meines Hauses, das einem Pariser Börsenfürsten gehörte, zu einem Musiksaal erhöht, und hier wurde gesungen, gespielt, ja zu Mozart'schen Quartetten und Schubert'schen Trios donnerten die Kanonenschläge vom Valérien und Mont d'Ormesson die seltsamsten Dominanten und Taktschläge! Geigen und Violoncells fanden sich, wie aus der Erde gestampft, ein Paar Flöten waren im Tornister aus Deutschland mitmarschirt, Quartettisten mit prächtigen Stimmen fanden sich zusammen, und bald hatte ich die Freude, daß meine musikalischen Abende sich eines gewissen Renommées im Bezirke des vierten und zwölften Armeekorps erfreuten. Erröthend will ich hierbei die kleine Anziehungskraft eines aus den unglaublichsten Ingredienzen komponirten Häringssalats, den mein Kutscher und ich mit kundiger Hand bereiteten, nicht verschweigen... Ja, es war noch ein anderer Magnet zur Stelle. Ein altes Weib brachte mir wöchentlich mit rührender Pünktlichkeit einen Tragekorb — mindestens einen Scheffel — frischer Champignons aus den Höhlen von Houilles, wo dieser edle Pilz in den Steinbrüchen kultivirt wird. Der Boden, auf dem er gedeiht, wird von dem zu riesenhaften Beeten angewachsenen Kehricht aus den Hallescentrales von Paris gebildet. Man denke, welch' beneidenswerthe Delicatesse, für zwei Francs der ganze Korb, wöchentlich als Abendbrod im strengen Winter an den Musik=Feiertagen!..

Was ist es aber auch für ein gottbegnadeter Hauch, der mit der Musik vom Herzen zum Herzen strömt!.. Wie habe ich hier Mitten in Feindesland den Werth und Segen deutscher

Lieder so tausendfach und abertausendfach von Neuem preisen gelernt! Es giebt da gar seltsame musikalische Kontraste! Viele können ja die wunderlichen Töne, wenn die blauen Bohnen pfeifen und die Granaten summen . . . Aber Mendelsohnsche und Schubertsche Weisen singen, wenn der ganze unbeschreibliche Duft eines zauberischen Herbstabends sich auf diese Märchenpracht der Schlösser und Parks niedersenkte und wir träumerisch und sehnsuchtsinnig unter den Orangen lagen und unserer fernen Lieben gedachten — oder gar anbächtig der Trauermusik lauschten, wenn man unsere gefallenen Freunde zur ewigen Ruhe bettete, die Wachtfeuer auf den Hügeln brannten und auch die roheste und ungebändigtste Natur still den Helm abnimmt und leise ihr „Vater unser! flüstert, während das „Auf Wiedersehn" weit, weithin verklingt . . . . das sind Reminiszenzen, die mir für keinen irdischen Preis feil sind, und die zu beschreiben meine anspruchslose Feder viel zu schwach ist! . . . .

Aus dieser selbstgeschaffenen Idylle voll Reiz und Poesie, voll Gemüth und echt kameradschaftlichem Werth, weckten uns die Alarmrufe in der Mittagsstunde des 30. November.

Man muß das erlebt haben, was es heißt, seine Zelte abbrechen, — ahnungslos, ob man je wieder seinen Fuß dahin setzt, und in rasender Jagd nach den designirten Sammelplätzen stürzen, während das französische Geschützfeuer aus sämmtlichen Forts des Ostens, Nordens und Nordwestens zu diesen Szenen beispielloser Aufregung die eherne Musik donnert! Man muß, wie ich, ein wohl assortirtes und wohl journalisirtes Depôt besitzen, halb Kleiderladen, halb Wäschegeschäft, halb Viktualienkeller, halb Destillation, in hundert Kisten, Fässern und Fächern einen undefinirbaren Reichthum heimathlicher Generosität, um zu ermessen, wie da das Herz des Liebesonkels klopft und blutet! . . Aber es hieß: Vorwärts! . . und wahrlich der Tag und der Erfolg forderten den ganzen Mann heraus! Ich will versuchen, die Situation eines der ernstesten und verantwortlichsten Tage meiner gesammten Thätigkeit im Feldzuge ganz kurz zu skizziren . . .

Epinay war ein vorgeschobener Posten der Zernirungslinie an der Seine von bedeutsamem Werth. Wir hatten die den Ort durchschneidende lange Straße stark verbarrikadirt. Etwa um 1½2 Uhr Mittags am 30. November ging der Feind, der größere Truppenmassen aus St. Denis scheinbar zu Exerzitien entwickelt hatte, plötzlich mit mehreren Bataillonen zum Frontangriff auf den Flecken über, während ein Panzerboot Seine abwärts dampfte und das Dorf mit Geschossen überschüttete. Das Kanonenboot debarkirte Infanterie vom 135. Regiment und Marinesoldaten, die in die Süd- und Westfront Epinays eindrangen, die dort stationirten Vorpostenkompagnien des 71. Regiments stark bedrängten und in den Rücken faßten, bis es zwei Kompagnien des 31. Regiments und anderen Truppen der 15. Infanterie-Brigade gelang, im Verein mit drei Kompagnien des 26. Regiments — die von Ornesson her anstürmten —, die heiß und schwer kämpfenden Kameraden zu begagiren und des Platzes Meister zu werden . . . Das Gefecht in und um Epinay währte etwa fünf Stunden, gipfelte speziell in einem mehrstündigen harten Straßenkampf — um so härter, als die Franzosen —, mit der bei ihnen historisch gewordenen Geschicklichkeit für Oertlichkeitsgefechte —, sich der Häuser und Fenster bemächtigt hatten. Die braven Schwesterregimenter — 71er und 31er — hatten schwere und blutige Stunden, und während der Straßenkampf in Epinay lokalisirt war, warf der Feind einen unablässigen Granatenhagel jeglichen Kalibers auf das gesammte umliegende Terrain. Alle in Enghien, Deuil und St. Germain unter dem Gewehr stehenden Truppen waren diesem Feuer ausgesetzt — fast unbegreiflicher Weise war hier kein Verlust zu beklagen! . . Unsre geehrten Feinde schossen unter aller Kritik schlecht! . . . .

Anders sah es bei uns aus, die wir — das „Rothe Kreuz" — mitten in der Straßenaktion kämpften und arbeiteten. Ich danke es noch heute der Liebenswürdigkeit des heimgegangenen Herrn v. Rochow, der — auch ein Freiwilliger unter den Fahnen — im Generalkommando meines Corps mich favorisirte, daß ich mit meinen Krankenträgern, Pflegern u. s. w. schon um ½3 Uhr im eigentlichen Gefecht in Thätigkeit treten durfte. Wir waren wahrlich recht nothwendig am Platze und mußten den Erfolg schwer erkaufen. Vier intimere Bekannte fielen vor und neben mir.....

Um 7 Uhr waren 20 Offiziere und mehr als 200 Mann tobt und verwundet. 1 Offizier und 79 Mann in Gefangenschaft gerathen. Der Verlust des Feindes war genau der doppelte. Graf K. und Freiherr v. E.. stein fielen in meiner unmittelbaren Nähe beim Sturm auf die Barrikaden. Ein Haus neben der Kirche brannte. Als ich Verwundete in das Gotteshaus tragen wollte, trat ich auf den blutigen Chorrock des Priesters und auf Sterbende, die sich bereits hierher geflüchtet.... Ich darf die persönlichen Eindrücke nicht schildern — es würde den Raum, den diese Zeilen beanspruchen dürfen, weit überschreiten, vielleicht gar nach einer Renommage schmecken — ich bin weit entfernt davon!...

Unser geschäftiges und geräuschloses Werk des Fortschaffens Verwundeter und Tobter, der Hülfe, Labung, des letzten Händedrucks in dem Moment, da selbst die Hand der Liebe schmerzt, — zu alledem der betäubende Donner der Geschütze — die Wahrscheinlichkeit, jeden Moment unter den Granaten selbst auf dem Straßendamm niederzubrechen ... die Gedanken an Weib und Kind — — Alles das sind Erinnerungen tief ernster, tief erschütternder Bedeutung, die ein Dritter kaum nachfühlen kann!...

Um 7 Uhr trat Stille und Frieden ein nach dem nerventöbtenden Gebrause der letzten Stunden. Es war stockfinster und bitterkalt. Wir suchten die Parks noch ab mit Laternen und begegneten hier dem „Rothen Kreuz" des Feindes in gleicher Arbeit — das sind nun wieder die erhebenden Momente, wo sich auch die Gegner, geeint in demselben geweihten Dienst reiner Humanität, die Hände schütteln! . . . Ich war in beispielloser Aufregung um meine Verwundeten, für die ich kein Unterkommen wußte, und für deren Wunden ich die Kälte totbringend hielt. . . . . Plötzlich fiel es wie Schuppen vor unsern Augen! Schloß St. Gratien, der Prinzessin Mathilde Demidow gehörig, bisher noch von der Huld und Gnade unseres Königs geschont, mußte als Lazareth dienen — nur als vorläufiges, denn es lag im Bereich der Granaten. . . . Es half nichts. — Wir riskirten freilich Alles, indem wir die königliche Ordre überschritten. Aber hier half kein Besinnen — hier lagen die blutenden Sieger des Tages von Epinay und eine Stunde davon lag das prächtig eingerichtete Schloß! . . . . . Vorwärts! Der weißbindige Kastellan war über die Einquartirung außer sich — da war nichts zu überlegen! . . . . Um 8½ Uhr war die Stätte des raffinirtesten Luxus zur Schmerzensstätte geworden, und die rauhen Hände der im Wundfieber stöhnenden Soldaten des vierten Corps der Maas=Armee zerrissen die Spitzenvorhänge der seidenen Betten . . . . . wieviel kostbarere, edlere und unknüpfbare Bande der Herzen hatten wohl die Kugeln zerrissen? . . . .

Ich werde das Bild dieser Nacht voll wunderbarer Kontraste nie vergessen!! . . . Um 1 Uhr Nachts ritt ich noch — selbst mehr todt als lebendig und wie ein Fleischer ausschauend, voll Blut und Schmutz, nach dem Generalkommando, um Alles zu melden. Mein unvergeßlich liebenswürdiger Chef, General von A. war noch wach und mit den Maßnahmen zufrieden — ich athmete auf — ich hätte ihm am liebsten die Hand geküßt — das war die Hauptsache, — daß er meine Schritte genehmigte, was hatten wir Lebenden denn gethan? . . . doch nichts weiter, als unsere einfache Pflicht und Schuldigkeit!! . . . . Ich ritt fiebernd nach Eau-bonne, — aber unverwundet und mit Dank an die Vorsehung im Herzen!! . . .

Bevor ich Schloß St. Gratien verließ — von wo aus wir übrigens unsere Verwundeten nach wenig Tagen in gesichertere

Lazarethe bislocirten — hatte ich mir im Sternenschein dieser Nacht voll Märchenzauber im Park der Prinzessin eine herrliche, elegante Ceder des Libanon ausgesucht und diese zum Weihnachts= baum für meine nächsten kameradschaftlichen Kreise bestimmt. Am heiligen Abend brannten die Lichter daran! Um ein wenig im Gefüge eines Chronisten zu bleiben, sei hier erwähnt, daß sich nun hintereinander die schweren Aus= fallskämpfe auf demjenigen Terrain folgten, auf dem sich unsere Vorpostenlinie von Rossy über Brie sur Marne, Champigny, Chenevières, Bonneuil, Mesly nach Choisy-le-Roi hinzog. Sie gehören der Geschichte an. Welch' mustergültiges Beispiel gegenseitiger Unterstützung hier die Truppen aller Waffen= gattungen gaben, darüber sind die beweiskräftigen Akten ge= schlossen! Der zweite Dezember ward dabei abermals zu einem für Frankreich ominösen Tag; die feindlichen Verluste bei Brie waren z. B. weit größer, als das jemals zugegeben und festgestellt ist! Die württembergischen Truppen allein be= gruben 750 Franzosen. Die Thatsache, daß Ducrot aus den 3 Korps der Ausfallarmee von Paris nach diesen blutigen Tagen nur noch 2 Korps zusammensetzen konnte, giebt zu der Höhe der Verluste wohl den bedeutsamsten Hintergrund! Die Vereinigung Trochu's und Faidherbe's war nach dem Urtheil jedes Verständigen zur Unmöglichkeit geworden; wir wurden Zeugen davon, wie schwer der Gegner seine demoralisirten Truppen zu neuen Vorstößen elektrisiren konnte — wir fanden in diesen Tagen auch den auf dem Grunde der Seine liegenden Telegraphendraht, der die bisher unerklärliche Verbindung der feindlichen Kommandeure vermittelt hatte, und zerschnitten ihn — ein Stück davon liegt auf meinem Schreibtisch als Briefbe= schwerer vor mir —, und wir hofften endlich auf der ganzen Linie, daß mindestens die Weihnachtstage uns ein wenig Ruhe gönnen würden .... Aber für das Volk, mit dem wir kämpften, war unsere Logik und Pragmatik ebensowenig stich= haltig, als die Schlüsse unseres Gefühlslebens! ..

So kam unter unaufhörlicher Arbeit und Aufregung von Körper und Nerven das heilige Weihnachtsfest heran! ... Wenn jemals Tage und Stunden vergönnt, ja dazu bestimmt sind, den edelsten, weihevollsten und friedlichsten Regungen des Herzens und der Seele Raum und Zeit zu gewähren, so sind es diese! Und vor allen Völkern der Erde weht und schlingt sich gerade um den deutschen Weihnachtsbaum eine Fülle der reinsten und für jeden Einzelnen von uns glückseligsten Erinnerungen.

„Was frag' ich viel, ob Myth', ob Wahrheit
aus jedem Weihnachtslichtchen glüht, —
wenn's nur in jugendlicher Klarheit
mir durch die alte Seele zieht!
Was soll der Haß, der Zank, der Zweifel,
die Hetzereien, taub und blind?
Die Alle hol' zum Fest der Teufel,
die Weihnachten nicht „Kinder" sind!
Laßt unser reinstes Angedenken
an Jugendtage uns erneu'n, —
mit Denen nun, die wir beschenken,
ein anspruchsloses Kind mal sein!"
Nur wer — wie Chamisso gesungen —
noch als ein „Kind" sich träumt zurück,
in seiner Mädchen, seiner Jungen
ihm neugebor'nes Jugendglück, —
„nur wer darin das Fest erschaut,
der hat dem Herzen aufgebaut!" ...

So etwa schrieb ich damals an einen heimathlichen Freund! Das Volk aber, mit dem wir kämpften, das damals nur noch in ohnmächtigem Zucken den bittern Kelch von sich stieß, den es doch bis zur Neige leeren mußte nach jahrelangem Rausch von Eitelkeit und Uebermuth — das Volk hatte und hat keine Ahnung von dem beseligenden Gefühle deutscher Weihnachten, keine Ahnung von den ernsten, schönen und doch so tief um=

schleierten Empfindungen des deutschen Soldaten, der mit seinen Gedanken an Heimath, Weib und Kind gerade damals einen tiefen, tiefen Blick dahin richtete, wo seine Lieben mit allen Lichtern des Tannenbaums den dunkeln Ernst der Stunden nicht erhellen konnten!... Dies französische Volk wußte und weiß nichts von der stillen Einkehr in die geweihten Winkel des Herzens, wenn die Weihnachtslichter glühen, nichts von dem Zauber verständnißinnigen, deutschen Familienfriedens, und zerriß und zerstörte mit frecher und frivoler Hand auch uns — es schien fast mit besonderem Vorbedacht — den stillen, ersehnten Frieden dieser Tage!!...

Es darf Niemand zürnen, wenn ich in den letzten Skizzen ein wenig episch=breit, lyrisch und schließlich verstimmt und bitter erschien. Vielleicht darf ich bitten, das Origine dieser anspruchs= losen Skizzen nicht vergessen zu wollen. Die rückhalts= und rücksichtslose Unmittelbarkeit im Ausdruck frisch empfangener und ebenso frisch wiedergegebener Eindrücke, — das dürfte der einzige Werth derselben sein! Wollte ich diesen durch Feilen, akademisches Phrasendrechseln u. dgl. beeinträchtigen, das Augen= blicksbild retouchiren, ... ich würde das Gefühl einer Art Fälschung nicht loswerden! Es haben daher diese unbefangenen Notizen eben nur den kleinen Reiz ihrer ungekünstelten Un= verfrorenheit....! — Und gerade unsere Weihnachtstage vor fünfundzwanzig Jahren treten mit der ganzen unverblaßten Frische ihrer ernsten und bedeutungsreichen Feier wieder so lebhaft vor mich hin, als seien nur soviel Tage verflossen! In mir wiederholt sich die volle berechtigte Bitterkeit gegen das Volk, mit dem wir zum letzten Gang unsres blutigen Zwei= kampfs auf der Mensur standen.... Ich bin deshalb kein Franzosenfresser in der landesüblichen, oft mißverstandenen Be= deutung des Wortes. Bewahre!.. Ich erkenne im Gegentheil die eminenten Vorzüge unserer geistvollen Nachbarn jenseits der Vogesen durchaus an. Sie sind mindestens so arbeitsam, wie wir, — sie sind mäßiger und anspruchsloser, wie wir, die

Abfynth-Frevler gehören einer ganz andern gesellschaftlichen Klasse und vielleicht in geringerer Zahl an, als unsre Schnapsbrüder, — von der Bierträgheit weiß ihre Elasticität nichts. Sie haben als Ideal: einen eigenen, bescheidenen häuslichen Herd — die Familie ist dabei Nebensache. Sie schaffen athemlos und mit instinctiver Intelligenz, bis sie das eigene kleine Häuschen, Gärtchen und Ackerstückchen erreicht haben ... aber dann kommt die Kehrseite der Medaille. Dann thun sie nichts mehr; sie stehen vor ihrer Thür, die Hände in den Hosentaschen, die Thonpfeife mit dem Kapural im Munde und — speien auf die Erde... Sie haben wenig oder nichts gelernt — aber sie müssen irgend Etwas treiben — enfin sie treiben ein großes Etwas: c'est la politique. — Man sage nicht, daß ich al fresco, oder mit Hogarth's Pinsel malte — es ist mutatis mutandis überall so in Frankreich — man muß nur den Franzosen nicht nach den boulevardier de l'Avenue de l'Opera oder des Rennplatzes in Auteuil taxiren wollen, das würde ein schiefes und verzeichnetes Bild geben. — Man muß die kleine bourgeoisie der französischen Provinzialstädte studiren, wie mir das 1863, 1867, 1870—71 und 1878 in monatlangen Studien vergönnt war; da wird der krasse Mangel im Gefühlsleben dieser sonst so hochbevorzugten Nation, die Leere jedes ideellen Zuges klar werden, die mit geistreichster Koketterie und entzückendster Beherrschung der Formen die Fadenscheinigkeit und Oede aller der edlen Beglaubigungen des Gemüths, die deutsches Sein und die Familienpoesie des deutschen Heim schmücken, zu verstecken und zu bekleiden weiß!!...

Und so gelang es ihnen denn auch nur äußerlich, unseren Weihnachtsfrieden zu stören. Gleichgesinnte und gleichgestimmte Männer fanden sich um den Christbaum zusammen. Wunsch und Gabe trugen freilich den exzeptionellen Verhältnissen Rechnung, aber der heitere, liebenswürdige Scherz und vor Allem das innige Bestreben, erfreuen zu wollen, — das dominirte! In manch herzlichem Händedruck, ja in manch feuchtem Blick,

— dessen sich Keiner schämte, — lagen am 24. December Abends unausgesprochene und unsagbare Worte tiefer Empfindung der Gemeinschaft, der landsmannschaftlichen Zusammengehörigkeit und des großen, uns Alle einigenden kameradschaftlichen Berufes für diese weltgeschichtlichen Stunden! Die Ceder aus der Prinzessin Mathilde Park prangte mit hundert Lichtern im Eßzimmer meines General=Commandos und erhellte doch nur trüb und matt — trotz aller Scherze, mit denen wir „Stimmung" zu machen suchten, — unsere zartesten und tief verhaltensten Regungen des besseren Selbst, das in der Heimath bei Weib und Kind „Weihnachten" feierte und sich bald nach dem Trubel der Bescheerung in die lauschige Kaminecke setzte und vielleicht hier und da verstohlen einen Tropfen des salzigen Naß aus den Augen wischte, — — nur damit er nicht in den heißen Punsch fallen sollte, für den mir der beste Cognac des Depôts an dem Abend kaum gut genug war!.. „Die ewige Beglaubigung der Menschheit ist die Thräne —" sagt Schiller und es ist eins seiner wahrsten Worte!!...

In den Lazarethen sah es auch darnach aus, als sei eine gute Fee mit einem Hauche herziger Gemüthlichkeit über das tägliche nüchterne Einerlei freundlich und herzenswarm dahin=gefahren! Die letzten Liebes=Hammel wurden zu Suppe und Braten geopfert, des Backobstes liebliche Fülle bis auf den Grund der Säcke ausgeschüttet, — Mehl, das mir Rostock, Käse, groß wie Wagenräder, die mir Holland, Hekatomben von Häringen und Schinken, die mir Hamburg, Lübeck, Altona, Rostock und Bremen gesendet hatten, wurden mit großartiger Hintenansetzung jedes sonst büreaukratischen und proviantmeister=lichen Gesichtspunktes, — der doch aber seine bedeutsame Be=rechtigung hat, — vertheilt, und eine ganz unglaubliche Menge kleiner und großer Taschen=Messer, Spiegel, Bürsten, Kämme, Schwämme, Cigarrenspitzen, Pfeifen, Pfropfenzieher, Ohren=klappen, Pulswärmer — unter Anderem kamen 120 Dutzend wollene Jacken und 100 Dutzend Shawls, — nebst 50 Mille

Cigarren auf die entlegensten Weihnachtstische! Ja, es ging so weit, daß „Tincturen gegen Zahnschmerzen" zur Höhe eines Weihnachtspräsents emporstiegen, und mit 160 Schlafröcken, die mir eine loyale und opferbereite Vorläuferin der „Goldenen Hundertzehn" geschenkt hatte, wurde ganz besonders Würdigen und Auserwählten eine unbeschreibliche Freude gemacht! Gummischuhe und Schlafpantoffeln — ein höchst gesuchter Artikel — wurden an Tausend Paar vertheilt.... Den Vorposten auf Weihnachtswache wurde die Feldflasche mit einer doppelten Ration Rum gefüllt u. s. w. — Nicht genug damit. Auch dem Luxus durfte ich einen kleinen Tribut gewähren, und welch eine Genugthuung bereitete uns das!... Ich hatte es stets als eins der ersten und vornehmsten Gebote des Tacts und als wesentliche Obliegenheit der freiwilligen Krankenpflege aufgefaßt, d'être d'accord mit den Herren Aerzten!.. Nur aus dem einmüthigen Zusammenwirken dieser beiden Factoren entspringt die Quelle wahren, gedeihlichen Segens für die Interessen der verwundeten oder kranken Mannschaften und für die beiderseitige Freudigkeit der gemeinsamen, nicht immer erquicklichen Arbeiten! Gegen Weihnachten meldete sich nun plötzlich ein sehr bekannter Chef eines in Deutschland besonders favorisirten französischen Champagnerhauses bei mir und fragte, ob ich ihm erlauben wolle, unter meiner Aegide und aus meinen wohlbewachten Räumen 2000 Flaschen Sect im Bereich der Maas-Armee zu verkaufen? Sie lagerten in Château Thierry.... Die Sache war nicht ganz ohne Bedenken.... Aber eine freiwillige Gabe von 300 Flaschen Rothwein und 100 Flaschen guten Cognacs für mein Depôt erweichten mein und meiner Vorgesetzten Herz — der Sect war billig und gut, und der beglückte, in fünf Tagen mit einem günstigen Geschäft gänzlich geräumt habende Schaumbeflissene schenkte mir, d. h. dem Depôt, als pretium affectionis einen Korb mit 60 Flaschen Bismarck!.. Das war redlich verdiente Beute, und am ersten Feiertage zierte eine Flasche Champagner den kärglichen Mittagstisch jedes

Arztes in meinem näheren Wirkungskreis und die Bewohner meiner Villa, stets wechselnd 12—16 kranke Officiere u. a. m., stießen mit dem perlenden Wein des Landes an auf das segenspendende „Rothe Kreuz"!.. Rothwein hatten wir — nebenbei bemerkt — genug. Ich fand — oder vielmehr mein Kutscher — nach acht Wochen, nachdem wir mein tusculum in Eau-bonne bezogen hatten, unter einer acht Zoll starken Sandschicht im Keller des eigenen Hauses 600 Flaschen guten Rothweins....

Ich will mich weder wundern, noch es übel deuten, wenn heut Einer derlei kleine Randzeichnungen zum großen Bilde jener Tage nichtig, kleinlich, wesenlos findet.... Mit den Gefühlen Anderer abrechnen zu wollen, ist aber allezeit eine brod- und nutzlose Arbeit! Uns — das kann ich überzeugungstreu versichern, waren solche Momente von ungewöhnlicher Bedeutsamkeit, und ich finde auf einem vergilbten Zettel an die Heimath folgende Beglaubigung unsers damaligen Dankes für die stets neu sich completirenden Liebesgaben:

... „Ihr ahnt es kaum, dort in der Heimath Frieden,
was solch ein Gruß des Vaterlandes heißt, —
wie jede Freude, die uns hier beschieden,
in doppelt lichtem Schein den Geber preist!
Der Werth der Gabe ist es nicht, — zufrieden
ist Jeder, dem die Liebe sich erweist
als Zeichen treuer Herzen, fester Bande
für uns, die wir so fern dem Vaterlande!...."

„Ja, sollten wir — wer wollte drob verzagen? —
Neujahrsfest feiern an der Loire Strand,
und statt der Lichter in den Weihnachtstagen
uns glüh'n der Kriegesfackel düstrer Brand, —
ja, müßten wir die Bajonette tragen
bis fernhin an der Pyrenäen Rand, ...
so woll'n wir doch in allen deutschen Heeren
der heimathlichen Liebe nicht entbehren!"

„Und solcher Liebe gebt uns neue Kunde,
und unser Dank soll Siegesbotschaft sein; —
Ihr wißt, wir setzen ja zu jeder Stunde
das ganze Selbst als höchsten Einsatz ein....
Bald — hoffen wir — wird Euch mit eh'rnem Munde
der Donner des „Victoria" erfreu'n:
Das sei dann uns'rer Liebesgaben beste,
der Weihegruß zu Deutschlands Neujahrsfeste!! — —"

Der Feind blieb bis zum 26. Dezember vor der Front der Maasarmee stehen, dieselbe unablässig beunruhigend. Die Gefechte im Marnethal detaillirt das Generalstabswerk in unübertrefflicher Weise! Dabei wurde unseren Truppen durch die Beschleunigung der Belagerungsarbeiten bei schärfstem Frostwetter keine Anstrengung erspart. Es wurde mit einer solchen Energie gearbeitet, daß bereits am 27. Dezember aus zahlreichen Batterien das Feuer gegen die Ostfront von Paris eröffnet werden konnte! Wer würde es wohl geglaubt haben, wenn man uns am 19. September, als wir den Eisengürtel um die stolze und hungernde Weltstadt zu ziehen begannen, gesagt hätte: „Ihr von der Maasarmee sollt die Ehre und die Freude des ersten Offensivstoßes haben!... Niemand, wahrlich Niemand. Nun, des jetzigen Königs von Sachsen Majestät und sein hochgenialer Generalstabschef — hier haben sie ihre grünendsten und blühendsten Lorbeeren gepflückt — hier ist aber auch der hohe Werth preußisch-sächsischer Bundesbrüderschaft so recht in seine glänzendste Erscheinung getreten und hat uns Alle mit Lust erfüllt! Haben fünfundzwanzig Jahre diese Innigkeit kameradschaftlichen Wesens etwa gelockert?... Ich will es nimmer glauben, wenn schlechte Zungen es mir gelegentlich flüstern, — ich bin vom directen Gegentheil durchdrungen, denn ich meine, die Blutsbrüderschaft, die am Tage von St. Privat mit Blut gekittet und am Mont Avron mit Blut besiegelt wurde, sie geht über all' das kleinliche und ver-

werfliche Wesen eines ungesunden Partikularismus . . . zur deutschen Tagesordnung über und die innige Freundschaft, die unsern jungen Kaiser mit dem hochzupreisenden König von Sachsen so herzlich verbindet; ist unser Stolz und unsre Freude!!
Die schwere Arbeit um den Mont Avron, der durch zahlreiche Batterien und eine auf der Ostecke in Lünettenform angelegte große Schanze stark befestigt war und unsere Kantonnements auf dem Plateau von Raincy und dem von Noisy le Grand in Schach hielt und beschoß, die Ausfälle und einen erforderlichen Brückenbau über die Marne deckte — die Arbeit der Vertreibung der Feinde aus dieser Stellung ist, meines bescheidenen Erachtens, niemals genügend gewürdigt worden! Und zwar in erster Linie, weil die herkulischen Arbeiten in so kurzer Zeit bewältigt waren. Aber, wie ist auch gearbeitet worden? Das übersteigt jeden Begriff, jede Beschreibung. Ich habe diese Zeilen nicht zur Verherrlichung einzelner Corps geschrieben, aber meine sämmtlichen, sehr genauen Tagebücher aus dieser Zeit, sind von Bewunderung über diese Cyklopen-Arbeit erfüllt!! Auch ich arbeitete Tag und Nacht im Schweiße meines Angesichts!! Man bedurfte meiner und meines Depôts damals stärker, denn jemals! Das Hauptquartier zu Versailles hatte eine Anzahl schwerer Geschütze zur Disposition gestellt. Der Transport derselben — das Geschoß jedes 24-Pfünders wiegt 50 Pfund —, der Bau der Brustwehren der Batterien, die Bekleidung der Erdböschungen mit Schanzkörben und Faschinen — Alles das mußte der hart gefrorenen Erde Zoll für Zoll abgetrotzt werden! Bombensichere Unterkunftsräume herzustellen, waren unerhörte Anstrengungen erforderlich. Um nur die Geschütze heranzuschaffen, waren 700 Wagen mehrere Wochen lang in Bewegung, aus 10-meiligem Umkreise requirirt, und das Einsetzen jeder Persönlichkeit je nach Kraft und Gaben hat mich immer mit hoher Bewunderung erfüllt! Dieser stille Ernst einer immerwährenden Thätigkeit in dem großen Netz um Paris, dessen Maschen hier vom dünnen Telegraphendraht

aufwärts bis zur verderbendrohenden Mündung riesiger Geschütze täglich enger gezogen wurden, entzog sich dem Blick und Urtheil jedes Laien. Man mußte das erleben und mitmachen, — hören und staunend sehen, wie diese schwarzen Hünengestalten das Erdreich spalteten, zu Bergen aufthürmten, froren, bluteten, aber dabei leise ihr Schelmenliedchen brummten und mich mit unbeschreiblich dankbarem Blick begrüßten, wenn ich ihnen eine Handvoll „Gambettas" — so nannten sie damals meine etwas feuchten Liebescigarren, weil sie nur im „Luftballon zu rauchen wären" — reichte, eine Flasche Extra-Arrak aus dem Wagen holte ... Denn auf Befehl und mit besonderer Legitimation des Generalmajors und Brigadekommandeurs der Artillerie v. S. war mir der seltene und von mir dringend erbetene Vorzug zu Theil geworden, wie es wörtlich in meinem passe-port hieß, den Offizieren und Mannschaften in den Batterien das nöthige Verbandzeug und Lebensmittel zuzuführen. So war ich der Augenzeuge unvergeßlicher Scenen und Bilder tragischer und humoristischer Gestaltung! ...

Meine Rundfahrten hatten auch in der Gefahr, die unausbleiblich war, ein pikantes Parfüm. Ich fuhr damals ein zweirädriges Gig, mit einem etwas romanhaften Braunen davor. Dieser brave Wallach war in den Septembertagen in den Moselwäldern erschossen — — und feierte seine, allen Behörden unbekannt gebliebene Auferstehung aus dem Pferdehimmel vor dem Wagen des rothen Kreuzes. Die Sache lag einfach. Ein Schuß in den Hals hatte das Thier hingestreckt, es blutete enorm, trotzdem war die Fleischwunde ganz ungefährlich. Wem der Braune eigentlich gehörte, ist nie erörtert worden — er stand in den Listen als „gefallen" — beim Absuchen des Schlachtfeldes fand ich ihn und gab ihn dem Dienste der freiwilligen Krankenpflege. Das war mein Gefährt. Welche Odysseen habe ich Tag und Nacht mit dem Thiere gemacht, wie oft die mürben und bedenklichen Reste seines Geschirrs in einer Weise zusammengeschustert, vor der ein Berliner Droschkenkutscher erröthen würde, und wie unendlich vielen Braven am Avron und nachher bei der Beschießung von St. Denis hat er doch Verband und Labung gebracht.... Friede auch seiner Asche!..

Am 29. December krönte ein immenser Erfolg das riesenhafte Beginnen. In der Nacht vom 28. zum 29. donnerte aus 76 Feuerschlünden ein deutsches Weihnachtskonzert den Franzosen die Mahnung in die Ohren, daß der Zeiger ausgehoben habe zum Schlag der zwölften Stunde! Es konnte nicht anders kommen. Es ward eine jener geschichtlichen Kulturforderungen, jener ewigen Nothwendigkeiten zur Thatsache, für die es keine geschriebenen Gesetze geben mag, die aber feststehen seit Anbeginn der Zeiten, wie die Sonne am Firmament! — — Sparta zerschlug Athen, Sitte zerschlug von jeher Unsitte, Disciplin und Gehorsam die Frivolität, die Wahrheit zerschlug und zerschlägt ewig den Schein!

"Die Weltgeschichte ist das Weltgericht!"...

Gustav Freytag sagt in der letzten — leider nicht der besten — Abtheilung seiner berühmten „Ahnen": „Schauerlich ist es, daß derselbe Kriegssturm, welcher das Beste im Manne lebendig macht und das Höchste von ihm fordert, zugleich und oft in derselben Seele das Widerwärtigste und Gemeinste großzieht, rohe Wildheit, Geldgier und alle Laster, welche erwachen, wenn die alte, feste Ordnung seines Lebens aufhört. Das Erhabenste ist zugleich auch das Schrecklichste, und mit dem Göttlichen in uns wird auch der Teufel mächtig!"

Wie wahr ist das!.... Und was mein Interesse für diese, aus einer — wie ich denke — gesunden Beobachtungsgabe und der Praxis des Kriegslebens hervorgegangenen Apostrophe besonders lebhaft wachrief, war, als ich es jüngst las, die stillschweigende Bitte an den geistvollen Schriftsteller, mir die Priorität für diesen Satz geneigtest einräumen zu wollen, denn ich finde ihn fast wörtlich unter den Notizen meiner vergilbten Papiere, und zwar gerade aus der Periode, die uns zum ersten

Male wieder mit gebildeten Franzosen in persönliche Anknüpfungs=
punkte brachte... Das war gerade um die Zeit zwischen Weih=
nachten und Neujahr, und speziell nach dem Fall von St. Denis,
auf den ich — als auf eine der aufregendsten und lebendigsten
Erinnerungen — später noch zurückzukommen gedenke. — —

Die Franzosen fingen um diese Zeit an, u n s kennen zu
lernen, und das war viel wichtiger, als das vice versa. Sie
kehrten zum Theil in ihr Eigenthum zurück, — sie merkten,
daß es nicht Baschkiren und Vandalen waren, die hier hausten.
Ich weiß, daß diese Annäherungen zu den dramatischsten Scenen
Veranlassung gaben, ja in einigen, freilich sehr vereinzelten
Fällen waren Amor und selbst Hymen die liebenswürdigen
Götter, die über den rauhen Mars triumphirten! In den
meisten Momenten des Wiedersehens war freilich die Bitterkeit
das vorwiegende Gefühl. Wie konnte es aber anders sein?...
Ich selbst, der ich mit in dem reichsten Theile der entzückenden
Umgebung von Paris über vier Monate an einem Punkte,
Eaubonne, lag — auf der Nordseite dem Bois de Boulogne
so nahe, daß ich von dem zehn Minuten entfernten Mont
Saunois mit einem scharfen Glase bei klarem Decemberwetter
unterscheiden konnte, ob ein Leiterwagen oder ein Kutschwagen
durch den Arc de triomphe fuhr — ich selbst will aus meiner
unmittelbarsten Umgebung den Verlust an Einrichtungen ver=
lassener Etablissements, ruinirten Gewächshäusern und Orangerien
u. a. m. nur gering mit zehn Millionen Francs veranschlagen.
Und es ist wahrlich weder eine Brutalität, noch eine irgend
ungerechtfertigte Härte, wenn man es ausspricht, daß es ein
unabweisbares Moment der Strafe in der Kriegsführung gegen
dies über alle Begriffe reiche, stolze und verwöhnte Volk war,
daß in dem Einzelnen die überaus hochnäsige sich überschätzende
und freche Manier des jungen kaiserlichen Frankreich geduckt
und sein aufgebauschter Hochmuth klein gemacht werden mußte...
Der Wahrheit aber die Ehre — sie sind mit sehr zarter Hand
gestraft worden, uns're verehrten Feinde, — der undisciplinirten

Aufführung gegenüber, unter der unsere Eltern und Großeltern sich zu beugen hatten, mit viel zu schonungsvoller Delicatesse behandelt . . . und fast nirgends ist solche anerkannt! Im Gegentheil! Ich erinnere mich durch vorliegende Briefe deutlich, wie ich speciell um diese Zeit dem von Allen geliebten Kronprinzen Friedrich Wilhelm das in zehn bis zwanzig Fällen bewies, wo man bei ihm das „Rollen", das „Plündern" zu einer schweren Anklage fälschlich gemacht hatte . . .

Ich habe dies von der Natur mit so verschwenderischen Gaben aller Art überschüttete und bevorzugte Land — und zwar gerade diese, in Reichthum und Raffinement des luxuriösesten Geschmacks koquett daliegende Umgebung von Paris — 1878 wieder bereist . . . . wo waren denn die Spuren des Krieges? Sie waren kaum zu finden! Der Wohlstand, ja der Stolz des Reichthums sieht uns aus jedem Parkthor, aus jedem parquet des fleurs — zwischen denen ich zum sprachlosen Entsetzen meines Führers so brillant Bescheid wußte — mit denselben triumphirenden, trotzigen und kühnen Blicken an wie früher, als wollte er sagen: „Fünf Milliarden, bah, die lächerliche Bagatelle — wie habt Ihr Euch mit Eurer Bescheidenheit blamirt?! Wir Franzosen haben seit 1871 unsere Staatsschuld um 17 Milliarden vermehrt, — was thut uns das? Wir bezahlen noch drei solche Kriege!" . . . So schrieb mir ein mir befreundeter Franzose, — befreundet, weil ich ihm eine Kleinigkeit gerettet habe, nämlich . . das Leben! . . .

Man muß es eben an Ort und Stelle und in dem Umgange mit gebildeten Franzosen während dieser für sie doch entsetzlichen Periode erlebt haben, wie wenig Eindruck au pied de la lettre das Chaos der Verwüstung auf sie machte, das freilich schließlich zum Theil auch ihre fünfmonatliche eigene Beschießung verursacht hatte. Und psychologisch war das doppelt wunderbar und nur in ihrer fabelhaften Elasticität und in dem unbegrenzten Vertrauen auf den nie versagenden Reichthum der Tragfähigkeit ihres Landes zu erklären. . . . War doch diese

Generation von Franzosen, die uns gegenüber stand, so recht eigentlich nur dazu groß gezogen, im Tempel des Genusses dem einzigen Altar zu dienen, der für sie Werth hatte. Versicherte man uns doch, daß selbst ein Theil „de ces dames", die auf ein Minimum ihres trostlosen Broderwerbes in Paris heruntergekommen sein mußten, ihr Nomadenzelt nach St. Denis getragen hätten, um dort, eine Art von „Sport" auf den Wällen bei den galanten Kanoniren in Scene setzend, ihre mageren Portionen mit jenen Helden zu theilen, das heißt, zu dem alten Liede des Vereins von „Liebe und Hunger" eine neue tragikomische Variation zu singen... Ja, man mußte in St. Germain und in Versailles die Urtheile dieser „gedemüthigten Nation" hören, um sich einen Begriff zu machen, wie verblendet selbst die hommes serieux waren, und welch' ein dumpfer, grollender Vulkan unter dieser erzwungenen Gastlichkeit gegen uns brodelte und kochte!... Am häßlichsten berührte mich das in Versailles. Hier standen unsere Lazarethbetten in den Sälen, an deren Wänden Horace Vernet und andere Meister für die tausendfältige Verherrlichung des französischen „gloire" ihre Genialität eingesetzt hatten. Auch das war ein napoleonisches Erziehungsmittel gewesen! Jetzt malten deutsche Dichter mit größerem Pinsel „Weltgeschichte" vor der Thür dieses Museums französischer Eitelkeit, und das Blut unserer braven Jungen mischte die Farben zu wunderbaren Effekten! Ich konnte mich nicht entschließen, die mir wohlbekannten Säle qua Tourist zu betreten und ging nur dahin, wohin mich Beruf und Patriotismus leiteten.... Was hat der gar zu früh heimgegangene Wilms hier geleistet? Hier sollte man ihm ein Denkmal setzen! Wie Wenige in der Heimath hatten eine Ahnung davon, was Wilms, Volkmann und wie sie Alle heißen mögen, diese Männer vom „Messer, die da gelernt zu jener Frist, daß Wunden heilen besser, als Wunden schlagen ist", hier arbeiteten? Es war mein höchster Stolz, meine höchste Genugthuung, ab und zu einer ihrer Handlanger zu sein. — —

Wenn in den Augenblicken der persönlichen Gefahr, gleichgültig, ob in offener Feldschlacht, oder im pestdurchhauchten Lazareth uns wohl mal die „angeborene Farbe der Entschließung von des Gedankens Blässe angekränkelt" wird — ich meine jene Blässe des Gedankens, die vielleicht an Heimath, Weib und Kind gedenkt und sich einen Tropfen salzigen und bitteren Nasses aus den Augen wischt, dann mag das wohl zu entschuldigen sein! Die Nerven, diese neueste „Erfindung" des neunzehnten Jahrhunderts, wie mein unvergeßlicher, seliger Freund Richard Volkmann sagte, wenn ich ihm mal ab und zu den Unterschenkel eines armen Füsiliers hielt, den er resecirte und ein Bißchen zusammenzuckte, wenn er einen Knochen durchsägte oder in das Fleisch schnitt — sans comparaison mit einer Gemüthsruhe, als ob wir einen Kalbsbraten tranchiren — — diese „Nerven" haben auf solchen Samariterwegen auch zuweilen ihr Ziel und Ende! Halbverweste Todte beerdigen, Eiterwunden auswaschen, in gefrorenen Ackerfurchen schlafen, — das ist kein Carnevals-Amusement in Glacéhandschuhen, und man soll im F r i e d e n Männer und Frauen, d. h. die „selecta" jener Examinanden der von mir so dringend betonten Lehr-Kurse dazu auswählen und das nicht etwa dem blinden und blöden Zufall, noch weniger aber einer P r ä r o g a t i v e d e r G e b u r t, oder der L e b e n s s t e l l u n g überlassen! Das ist ein verhängnißvoller Irrthum, der sich peinlich und schmerzlich rächt! Die staatliche und die Vereins-Thätigkeit wird im Felde — wie daheim — schablonenmäßig nur vorgehen, immer an gewisse Paragraphen gebunden sein. Aber die Privat-Elasticität des Einzelnen zu beleben und ihr freie Bahn zu geben im gebotenen Rahmen — dafür plaidire ich — that is the question!! . . .

Doch fort von diesen Bildern! . . . Die Undankbaren und die Thoren aber, die mit dem Sezirmesser der Kritik damals und noch heute, in unberufenster Weise hier schneiden und Mängel und Schäden bloßlegen wollten, — die Superklugen in Schlafrock und Pantoffeln, die von dem Leben im Felde ungefähr ebensoviel klare und vorurtheilsfreie Begriffe haben, wie ein Lichterfelder Tertianer-Kadett von der berühmten und welthistorischen Dreiachtel-Wendung Moltke's mit 7 Armeekorps, d. h. 250,000 Mann nach den Tagen von Sedan . . . diese großen Kritiker sollten sich einmal heute nach fünfundzwanzig Jahren die kleine Frage vorlegen, was sie denn eigentlich für die Größe und Einheit Deutschlands mit dem Vergießen ihrer galligen Tinte geleistet haben?? Waren denn jene großen Stunden überhaupt zur Kritik gemacht? waren sie dazu angethan, journalistisch oder geschäftlich ausgebeutet zu werden? . . . und doch lief in Versailles damals ein Konglomerat von — ja, ich weiß keinen parlamentarischen und zarteren Ausdruck dafür — journalistischem und Geschäftsgesindel umher, über das man noch heute erröthen könnte! Während wir, vom letzten Trainsoldaten beim Wagenpark aufwärts bis zum deutschen Fürsten und Grafen, unser ganzes Selbst einsetzten, Jeder nach seinen Gaben und der Kraft seiner Individualität, an den Lagerstätten des Schmerzes und an dem großen Rade des Triumpfwagens, der seinem Ziele nahe war, — bewarf uns die delicate und gesinnungstüchtige Presse des erleuchteten „sogenannten" extremen Fortschritts mit Vorwurf und Schmutz! Wenn da der verletzte, gealterte deutsche Edelmann und die, in vielleicht überschäumendem Idealismus ins Feld gestürzten freiwilligen Männer, die wahrlich bittere und ungewohnte Arbeit in den Typhus-, Dyssenterie- und Pockenlazarethen gethan hatten, unwirsch nach Hause gingen — wer will es ihnen verdenken? . . . Man hat niemals so einen grünen Reporter hinstellen können, um den Knochen eines Stöhnenden und Sterbenden zu halten, der abgesägt wurde, oder halbverweste Leichen pietätvoll aufzuheben und zu begraben u. a. m. . . . diese löschpapiernen Helden sind also die Beweise wohlweislich schuldig geblieben, ob sie mehr können, als raisonniren und schimpfen?? . . . Ich glaube es nicht!! — — — Doch auch fort von diesen Bildern! — — —

In unserer anfänglichen Berührung mit den Franzosen war — wie gesagt — wenig Erquickliches! Was deutsche Manneszucht und deutscher Gehorsam bedeutet, das schienen diese Söhne der Sieger von Jena und Austerlitz nicht zu ahnen, oder nicht begreifen zu wollen. Ihre gesammte Dialektik gipfelte in ein und derselben, bis zum Ekel wiederholten Phrase: „Wir sind verrathen!" Das war der Anfang und das Ende aller Debatten. Es schien oft, als wenn die großartigen geistigen Regungen, Strömungen und Erfolge der letzten zwanzig Jahre, in denen eine rapid gesteigerte Kultur ihre Riesenarme um Gallien und Germanien geschlungen, in dem Augenblick verweht wären, in dem der erste deutsche Trommelschlag dumpf hineindröhnte in die frivole Musik des Cancans, in die hohle Renommisterei der französischen Presse, in das bis zur Absurdität überfeinerte Raffinement . . .

Es waren traurige und beschämende Ueberreste, dieser questions des femmes, questions de toilette u. s. w., denen wir begegneten! In all dem Plunder von Aeußerlichkeit, Luxus, Uebertreibung und Nachäffung des römischen Cäsarenthums in seinen Auswüchsen oben und unten, — in dieser Revolution von Oben her, in der die seichteste Gewissenlosigkeit das Scepter führte, waren keine manneskräftigen und nervenkräftigen Naturen gediehen, dem Gotte zu dienen, der das Eisen wachsen ließ! Wenn ich leidenschaftslose Männer von Bildung und Erfahrung fragte: „Wo sind denn die jungen Söhne des alten, schönen Frankreichs — ich meine die jungen Söhne der ansässigen Aristokratie, des hohen Beamtenthums, des vermögenden Grundbesitzes? sind sie bei den Fahnen, wo sie doch hin gehören, wenn all' Euer „mourir pour la patrie" nicht blos ein Couplet aus der Comödie ist, nach deren fünftem Akt jetzt der Vorhang fallen will . . .?" Dann zuckten sie die Achseln und schüttelten traurig den Kopf! Wenn wir ihnen von dem Werth und der Beglaubigung des deutschen Losungswortes der Freiwilligkeit im Felde, des deutschen Zauberspruchs „Ich diene freiwillig dem

Könige und dem Staate" und seinen Konsequenzen erzählten, dann machten sie ein Gesicht, wie die Kinder, denen Mama aus dem neuen Weihnachtsfabelbuch ein spannendes Märchen vorliest! Wenn wir ihnen endlich zu dieser Zeit — in dem sehnsüchtigen eigenen Wunsch nach der Heimath — die Frage vorlegten: „wie lange die Tragikomödie mit dem hungernden, frierenden und gaslosen Paris noch dauern könne?" dann überbot eine abenteuerliche Gasconade die andere!...

In meinem Depôt wurde um diese Zeit der vorletzte große Zugang deutscher Opferwilligkeit journalisirt und inventarisirt. Mit einem gewissen Gefühl der Genugthuung, das mich noch heut' in die glücklichste Stimmung bringt, wenn ich die hundertmal gelesenen Colonnen summire und an die Recompletirung meiner Truhen denke, deren Inhalt mir nachher auf zweimonatlichem Marsch so enorme Dienste leisten sollte, übersehe ich die Generalposten der bis Weihnachten inclusive geschehenen Vertheilungen. Es waren rund verausgabt: etwa 800,000 Stück Cigarren, 270 Dutzend wollene Jacken, 21,000 Paar Strümpfe, 17,500 Leibbinden, 270 Dutzend Unterbeinkleider, 190 Dutzend Parchend-Jacken, 275 Dutzend leinene und 155 Dutzend wollene Hemden, 15,000 Paar wollene Fußlappen, 500 schwere wollene Decken, 380 Paar Schuhe, Schlafröcke, leinene und wollene Binden ungezählt, Tücher, Unterlagen, etwa 1500 Ellen Shirting, mehrere tausend gebrauchte Bettlaken, Ueberzüge und Kopfkissen, Mützen, Ohrenklappen, Pulswärmer und Shawls nach vielen Hunderten von Dutzenden. Das war der Bekleidungsetat gewesen — man wird zugestehen, ein imponirendes Quantum — — und doch wird so Mancher berechtigt klagen: „Von alledem habe ich nicht einen Strumpf zu sehen bekommen!"... Ich glaube es gern, aber ein solcher Depôtverwalter ist auch nur ein „Mensch", und seine Rolle als Commis des Wäsche- und Kleidergeschäfts ist nicht die erfreulichste! Da gehört so recht eigentlich eine energische Frau hin, — wie denn überhaupt der gar nicht hoch genug zu bemessende Werth einer weiblichen

Hand zu den wesentlichsten, freilich auch idealsten Hoffnungen gehört, die ich an die Organisation ähnlicher Fragen für die Zukunft stellen möchte! „Frauen im Felde?" wird man fragen... Jawohl! Ich werde an einer anderen Stelle mich über das Wie? äußern!!...
In meinen Räumen für Speisen und Getränke war das Kaleidoskop noch viel bunter gewesen. Es waren verausgabt: 4000 Flaschen Rothwein, 1000 Flaschen Portwein, Sherry, Madeira, etwa 7000 Flaschen Cognac, Rum, Arrac, Kornbranntwein u. dgl. Von letzterem anßerdem 18 große Fässer. Butter, Fett, Schinken — nach vielen Hunderten — Speckseiten (hiervon hatte ich für etwa 6000 Mark persönlich gekauft), Hülsenfrüchte, Kaffee, Zucker, Thee, Fleischextract, Chocolade, Käse, Heringe, Mehl, Graupen, Reis, Gries, Sago, Backobst Mus, Zwieback u. dgl.... Alles dies hatte bis dahin einen aproximativ taxirten Werth von 70,000 Thalern gehabt!.... Die Preisbestimmung meines Wäschemagazins dürfte mit dem doppelten Werthe annähernd getroffen werden. Und doch war das ja Alles sebststrebend ein Tropfen auf den heißen Stein gewesen, aber auch dieser Tropfen hatte erquickt, erlabt und im Moment der Noth den kämpfenden Truppen geholfen, und das ist ja lediglich der Zweck eines Depôts..... Jetzt war der neue, imposante, weihnachtliche Reichthum einpassirt. Die Lazarethe zu Eau-bonne, Herblay, Daumont, Montlignon, Andilly, Montigny le Cormeil und le Plessis Bouchard sollten die ersten Zusendungen erhalten, als der Donner der Beschießung von St. Denis unserer Thätigkeit ein neues Feld zuwies....

Wir nehmen den Faden der Thatsachen, an die sich in zwanglosen Notizen unsere anspruchslosen Skizzen reihen, mit der Rückerinnerung an jene Periode wieder auf, in der die Maas-Armee den Feind aus den Befestigungen des Mont-Avron vertrieben hatte. Zur Orientirung sei — ausnahmsweise, weil ich sie sonst vermisse —, eine ganz kurze Kennzeichnung des

Terrains gestattet, auf dem das erste großartige Schauspiel des nunmehr begonnenen neuen Jahres — 1871 — in Scene gehen sollte.

Oestlich der Metropole erhebt sich ein ziemlich großes Plateau, auf dem die Ortschaften Romainville, Belleville, Bagnolet, Monteuil und Fontenay liegen. Das Plateau fällt nach allen Richtungen hin fast steil ab; im Westen nach der Stadt Paris, im Norden nach der Ebene von St. Denis, im Osten gegen das Marnethal und das Thal von Villemonble, im Süden gegen den Marne-Fluß. Im Osten liegen dem Plateau die Höhen von Raincy, Gagny und Montfermeil gegenüber, die sich ungefähr gleich hoch über die Ebene von St. Denis, wie dieses, erheben.

Der Nord- und Ostrand besagten Plateaus ist in den Rayon der Pariser Befestigungen hineingezogen und durch Forts vertheidigt. Hier liegen die Forts Romainville, Noisy, Rosny und Nogent, die Redouten Montreuil, Boissière und Fontenay. St. Denis liegt im Norden von Paris auf dem rechten Seine-Ufer. Die etwa 30,000 Einwohner zählende Stadt ist nicht viel mehr als 6000 Schritte von der Enceinte von Paris entfernt, aber im großen Gefüge der Pariser Befestigungen doch der am meisten nördlich vorgeschobene Vertheidigungspunkt. Ein die Stadt einschließender Wall verbindet drei Forts, die Forts de la Briche, Double Couronne und Fort de l'Est. Zwischen diesem letzteren und dem vorher bezeichneten Romainville liegt das Fort Aubervilliers. Der größte Theil der Wallgräben von St. Denis und seiner Forts war mit Wasser gefüllt, wozu der Rouillon-Bach angestaut war. Dies war selbstredend Alles jetzt eine spiegelglatte Eisfläche ... wir hatten ja die berüchtigte, in Frankreich seit Menschengedenken unerhörte, anhaltende Kälte!

Mit Energie und Kraft war, auf Grund der von einsichtsvollen Sachverständigen unternommenen Recognoscirungen, in unglaublich kurzer Zeit für die Ausführung des riesenhaften

Angriffsplans Unglaubliches geleistet! Die Beobachtungen der intelligenten Ingenieure hatten sich nach dem Fall des Avron als untrüglich erwiesen. Schon am 21. Januar konnte das Feuer aus 75 Geschützen eröffnet werden (am 5. hatte der damalige Kronprinz von Sachsen, unser ebenso allseitig hoch=verehrter als unermüdlicher Oberbefehlshaber, mit den Führern der Artillerie und den leitenden Ingenieuroffizieren die Modalitäten des Angriffs festgestellt —), und nachdem die durch den Fall von Mezières freigewordenen Festungsgeschütze mit in die Be=schießung eingriffen, flogen im brausenden Donnerton eines unbeschreiblichen Konzertes immer tausend Centner deutsches Eisen binnen 24 Stunden in die Stätten historischer Frechheit, in Richtung der französischen Königsgräber und auf den alt=ehrwürdigen Dom von St. Denis hin! ...

Sehr bald wurde die Vorpostenlinie weiter vorgeschoben. Das Feuer wurde nur schwach erwidert, und wir erfuhren bald, daß ein wesentlicher Theil der Bewohner von St. Denis in die ausgehungerte Kapitale geflohen war. Wir wurden Zeugen des moralischen Einflusses, den das Einschlagen unserer Kugeln in der Vorstadt La Vilette hervorgerufen hatte — — es war ein überraschender! Der alte Ruhm der preußischen, allzeit sicher zielenden Artilleristen bewährte sich aufs Neue. Meinem Er=laubnißschein, in die Batterien zu gehen, verdanke ich hier die interessantesten Erfahrungen. Ich möchte dabei in Parenthese bemerken, daß zuweilen wohl ein wenig Illusion dabei ist, wenn mit apodiktischer Sicherheit die, von den Wurfgeschossen zerstörten Objecte, gleich nach dem Schuß genannt werden ... aber mit welcher Präcision die Treffer saßen, das haben wir ja mit eigenen Augen gesehen in dem Zerstörungswerk, auf dem bald preußische Schildwachen stehen sollten!

Der Becher war übervoll, und neben dem ehernen Mahn=ruf unsers Eisens schüttelte die wachsende Mortalität, der steigende Hunger, die laute Stimme der grenzenlosen Ver=antwortlichkeit für die Kranken und Kinder die kalten, erbitterten

Gemüther auf, sich endlich der gebieterischen Nothwendigkeit zu beugen!...

Die am 26. Januar, Morgens, bis auf eine Entfernung von 1500 Schritten an das Fort de la Briche vorgeschobenen Batterien sandten ein verheerendes Feuer nach St. Denis — der Zeiger zum Schlag der zwölften Stunde hatte ausgehoben — in der Nacht zum 27. kam der Befehl, das Feuer einzustellen. Dunkle Berichte über die Kapitulation von Paris schwirrten schon seit Tagen durch die Luft und am 29. — an einem Sonntag Morgen — kam aus dem großen Hauptquartier zu Versailles die Nachricht vom Abschluß der Konvention und gleichzeitig für uns id est die Maas=Armee, die Ordre, die feindlichen Forts von St. Denis zu besetzen! — Die Nachricht kam vom deutschen Kaiser!!...... Der preußische Aar war flügge geworden auf seinem hohen Horst dort oben auf der deutschen Eiche und mit seinem alten Wahlspruch: „Nec soli cedit" stieg er empor zur Morgenröthe, die über Deutsch= land erglänzte!!...

Welch ein Sonntag Morgen! Wie lange war Keiner von uns in eine Kirche getreten! An diesem Sonntag war Gottes= dienst in der tiefbewegten Brust jedes Einzelnen!.. Es zog der erste Hoffnungshauch kommenden Friedens durch unsere Seele, und auf dem Kirchhofe zu Epinay, auf dem ich zu meinem Entsetzen fand, daß die französischen Geschosse selbst die Gräber, die letzte Zufluchtsstätte der eigenen Kameraden ver= wüstet hatten, schrieb ich im frischen Gefühl der heißbewegten Eindrücke dieser Stunden einen Brief in die Heimath, dem hier ein Plätzchen vergönnt sein möge. Er trägt das Datum des 29. Januar und lautet:

„Es weht wie Frühlingsodem durch die Lande,
Durch alle Herzen jubelt's hell und laut —
Es sprengt der Gräber ehern kalte Bande —
Sie naht, sie naht, — die heißersehnte Braut!

Im weißen Kleid, mit schwarz-weiß-rothem Rande,
Die Wang' von Freudenthränen leis bethaut —
Das Auge noch in stillem Wehmuthsbangen,
So naht sie uns zu züchtigem Umfangen!"..

„Heil ihr und Halleluja ihr entgegen,
Der Friedensbraut, die männlich wir gefreit, —
Des Ruhmes Purpurblüthe, aller Wegen
Sei sie entzückt auf ihren Pfad gestreut!
Sie bringt den tiefentbehrten, ernsten Segen,
Die Bürgschaft deutscher Kraft und Einigkeit —
Die Waffen ruhn, des Krieges Stürme schweigen —
Laßt uns vor Dem, der uns erhoben — beugen!"..

„Die Waffen ruh'n! Die üppig stolze Schöne,
Die Unbezwingliche — kapitulirt!
Die Republik am Sarge ihrer Söhne
Verwaist, bezwungen — bettelt, klagt und friert. —
Verklungen ist des wüsten Lärms Getöne —
Vernunft und Wahrheit allzeit triumphirt!
Verirrtes Volk, verblendet und belogen, —
Hast du dich um das Mitleid selbst betrogen?"

„Du aber, theure Heimath, deutsche Gauen
Im Morgenglanze neuer Herrlichkeit, —
Du magst dem süßen Friedenslächeln trauen,
Das jeden Blick verheißungsselig weiht!
Du magst auf jene stolzen Worte bauen,
Die — sonst nur eitler Hohn in eitler Zeit —
Zu deutscher Wahrheit deutsche Schwerter schmieden:
„Das deutsche Kaiserreich, das ist der Frieden!"

„Nicht jenes welsche, das wir jetzt zertreten,
Das blutgekittet, jeder Sitte Hohn,
Auf Hekatomben Leichen, ohn' Erröthen
Gefügt den abenteuerlichen Thron —

Schutt ist das Ganze!.. Ueber Schmerz und Nöthen
Klingt silberrein der Gnade Friedenston...
Die Völker beten... Wahrheit schlug den Schein!
„Du aber, Gott im Himmel, sieh darein!" —

Doch zurück von all' den vielleicht berechtigten poetischen
Regungen und Strömungen jener Stunden zu den Interessen
der damals sich überstürzenden Thatsachen. Jede Stunde brachte
Neues, Ueberraschendes, nie Geschehenes.

Die Katastrophe in Lâon hatte vorsichtig gemacht. Bevor
die Truppen die Forts von St. Denis betraten, regelten erst
Kommandos von Ingenieuren und Artilleristen die Uebergabe
der Geschütze, der Munition, des Pulvers, der Mienen u. s. w.
Dann erst nahmen die Truppen Besitz von dem ersten, heißersehnten Pfande des Friedens. Die 14. Infanterie-Brigade be-
setzte die Stadt — dieselbe Brigade, die in der Schlacht von
Beaumont die glänzende Erstürmung der Brücke von Mousson
als eine Heldenthat zu verzeichnen hat. Ihr tapferer Führer,
General von Zychlinski, ward Kommandant von St. Denis!

Wohl wünschte ich mir jetzt die Feder Victor Hugo's, um
in dem Bilde des Einmarsches und der darauf folgenden,
wechselvollen Scenen das hochinteressante Colorit der geschichtlichen Treue, die wunderbare Vielseitigkeit der Farben und
Töne wiedergeben zu können.

Mir ward das Glück und der Vorzug zu Theil, im Ge-
folge des Höchstcommandirenden der Maas-Armee, des comman-
direnden Generals des IV. Armeecorps, General der Infanterie
von Alvensleben, des Generallieutenants von Schwarzhoff (damals Kommandeur der 7. Division), die dem Einmarsch die
feierliche Ehrenweihe gaben, in einer glänzenden Suite freudig
bewegter Offiziere, mit den Regimentern 26, 27, 66 und 96
Mittags 2 Uhr in St. Denis einzurücken. Eine Compagnie des
27. Regiments marschirte voran — ihr folgten die Truppen
mit klingendem Spiele! Niemals werde ich den überwältigenden
Eindruck vergessen!...

Man muß sie gesehen haben, diese forschen und glühenden Soldaten, wie sie im strammen Parademarsch auf dem ersten Marktplatz am Kronprinzen von Sachsen vorbeidefilirten, frisch, fest, begeistert und — fast möchte ich sagen — elegant, als wäre der viermonatliche Vorpostendienst spurlos an ihnen vorübergegangen, — diese elastische, wie aus Stahl zusammengefügte Jugendkraft Thüringens und Sachsens, stolz erhobenen Hauptes. — Das Herz schlug uns laut in der Brust und alle Pulse klopften. — Welch ein Unterschied dieser kernigen Gestalten im Vergleich mit jenen kleinen, wüsten und verschmutzten Halbsoldaten, die in demselben Moment ihre Gewehre auf der Mairie abgaben oder in Wuth und Trotz an den Prellsteinen und auf dem Pflaster zerbrachen.... Der Eindruck dieses Unterschiedes auf das leicht erregbare Volk in St. Denis — eine arme, verkommenene Fabrikbevölkerung — war kolossal. Selbst die Pariser Blätter, die ein Paar Tage später über den Einmarsch gefärbte Mittheilungen brachten, erkannten das an!

Wie sah es vor und auf den Festungswällen aus? Geradezu unbeschreiblich! Vor dem großen Werke war die Inundation gefroren — Tausende von Bäumen lagen abgehauen — die Zweige mit einem dichten Drahtgeflecht verflochten auf dem Eise — ein furchtbares Hinderniß, wenn es zum Sturm gekommen wäre, das Blut über Blut gefordert hätte. Die Wälle und der Stadttheil hinter den Thoren waren mit Granaten übersät; viele Häuser waren Trümmerhaufen, die Balken und Sparren hingen zersplittert übereinander — am Thor stand eine fast elegant gebaute, riesige Barrikade — dann kam eine lange zur Kathedrale führende Straße, die weniger gelitten hatte — endlich diese historische Kathredale selbst, die alte Begräbnißstätte der französischen Könige, inwendig mit Tausenden von Sandsäcken gefüllt, und an den Säulen echt komödienhaft und characteristisch die berühmten drei Worte: „liberté, fraternité, égalité" angepinselt! Worte, die hier gerade den widerwärtigsten Eindruck machten!.. Unsere Kugeln hatten glück-

licher Weise nur ein einziges der berühmten bunten Glasfenster beschädigt und ein Paar Dutzend Heiligen im Vorraum des Doms die Füße zerschlagen!...
Ebensowenig erquicklich war der Anblick der Bassermannschen Gestalten der Nationalgardisten. Zerlumpt, angetrunken, gleichgültig trieben sie sich in den Straßen umher — unsern Truppen gegenüber schienen sie nur ein Gefühl, das der Neugierde, zu haben. Verwahrlostes Gesindel sang und pfiff auf den Plätzen umher. Die Legenden von dem großen Hunger waren übertrieben gewesen. Am Nachmittage noch fand ich in zwei Cafés ein Paar Bourgeois in unzerstörbarem Gleichmuth Absynth trinkend und den Kaporal rauchend, als ob nichts vorgefallen sei. Sie spielten Domino. Am Abend promenirten — so unglaublich das klingt, so positiv wahr ist es doch — ein Paar Dutzend unserer braven Jungen am Arm liebenswürdiger Französinnen in der Stadt und auf den Wällen umher... Welche Sprache diese par hazard de la guerre vereinten Pärchen sprechen mochten...? Gott Amor mag es wissen! Ich fragte neugierig einen Füsilier von den 96ern... Er antwortete: „Herr Ducter, das ist überall die nämliche Muttersprache!"...
Unsern Mannschaften war mit dem Einmarsch eine neue Arbeit erwachsen. Es galt, die neue Zernirungslinie von Paris zu besetzen, — es galt, die Forts gegen einen Angriff von Paris her zu armiren. Am Nachmittag des 30. Januar wurde die Halbinsel Gennevilliers besetzt. In Asnières, Courbevoie und Colombes fanden wir ungleich größere Verwüstungen durch die eigenen Mobil- und Nationalgarden, als unsere Besatzung und unsere Geschütze irgendwo zurückgelassen hatten. Ueberall erwuchs auch neue Arbeit in Fülle... Die hommes sérieux waren empört über die Greuel des eigenen vaterländischen Gesindels und nannten sie — sehr drastisch, aber recht bezeichnend — garnicht anders als „cochons". Sie waren voll Dankbarkeit für die Wiederkehr geordneter Verhältnisse, die

sich mit fabelhafter Schnelligkeit entwickelten. Ein ununterbrochener Verkehr wogte auf allen Straßen, — die Bäckereien konnten dem Andrange kaum genügen und an den Brücken besonders blühte eine große Lebhaftigkeit aller denkbaren geschäftlichen Verkaufsstätten. Unsere Pioniere hatten die Seine bei Argenteuil überbrückt — ein Meisterstück soldatischer Arbeit, und am 30. Januar, Mittags 1 Uhr, debouchirte die 16. Infanterie-Brigade, die 12. Husaren und zwei Batterieen auf das jenseitige Ufer.... Eigentlich lag in diesem Moment schon Paris bezwungen zu unsern Füßen!! Ob die guten Pariser das glaubten oder nicht, — darauf kam wahrlich wenig an...

Aber auch andere Regungen, als die rein humanitären, in denen es selbstredend für mich Arbeit genug — auch für feindliche Noth — gab, dürfen ihr kleines Recht der Reminiscenz beanspruchen. So besaßen wir z. B. eine 15 Meter lange, kolossal breite schwarz-weiße Fahne. Noch am Nachmittag des 29. Januar baten mich Soldaten, sie von der Kathedrale herab wehen zu lassen. General v. Z. erlaubte es. Ich kroch also mit einem halben Dutzend handfester Musketiere in die oberste Spitze des Thurmes der altehrwürdigen Kirche und wir befestigten dort an den Eisenstangen eines Luftlochs die preußische Standarte, die nun stolz über den Gräbern französischer Könige im Winde flatterte und von den begeisterten Hurrahs unserer Mannschaften der Maas-Armee begrüßt wurde! Ich ließ mir die Kathedrale mit diesem ungewohnten Schmuck 8 Tage darauf photographiren und besitze das Bild als ein theures Angedenken an jene wunderbaren, märchenhaften Tage! Daß wir, soweit unsere schwer in Anspruch genommenen Mittel der Depôts reichten, diese auch den verwundeten Feinden zu Gute kommen ließen, versteht sich ganz von selbst. Wir haben stets eine Ehre darin gesucht, das „Rothe Kreuz" als eine segenspendende internationale Schöpfung anerkannt zu sehen, und wo wir den französischen Trägern dieses Kreuzes begegneten, da haben sie uns auch überall Achtung abgewonnen... In der Erfüllung unsrer schweren, aber schönen Pflicht gab und giebt es keine Nationalität, keine Confession, keine Feinde!! —

St. Denis bietet mir auch „freimaurerische" Erinnerungen, über die ich leider auf interessante Enthüllungen verzichten muß. Ich hatte die Ehre, diese Momente des „Bruderthums" dem unvergeßlichen Kronprinzen „Friedrich Wilhelm" mittheilen zu dürfen, den sie aufs höchste interessirten. In Versailles war die „Loge" in einer gewissen humanitären Thätigkeit geblieben. In Argenteuil hatten die Granaten in den Logentempel geschlagen und zwar grade an dem Tage, an dem ich mir dort 72 eiserne Bettstellen aus einem verlassenen Pensionat holte, um meine Typhus-Kranken hineinzulegen. Ich hielt es für geboten, manch freimaurerisches Attribut profanen Blicken zu entziehen, — will aber nicht leugnen, daß mir mancherlei Rüstzeug der maçons etwas „karnevalistisch" erschien, — — um den zartesten Ausdruck zu gebrauchen! Ganz amüsant waren die Kaufleute in St. Denis, die außerordentlich erstaunten, als wir, die „Sauerkrautfresser", Alles, was wir einkauften, mit blankem fanzösischen Silber und Gold bezahlten! Für mich waren die Apotheken und Droguenhandlungen eine Quelle verführerischer Anziehungskraft . . Hier rekompletirte ich meine sehr decimirten Schätze der Haus- resp. Feldapotheken meiner Depôts. Ich sehe noch das verblüfft dumme Gesicht eines Provisors, dem ich für vierhundert Thaler einen wesentlichen Theil seiner Officin abkaufte und baar mit preußischen Thalern bezahlte! Der Mann wollte Anfangs das Geld nicht nehmen, — offenbar hielt er mich für viel dümmer, als ich ihn — — Vielleicht hatte er nicht so Unrecht!! Auf dem am 12. Februar beginnenden Marsch meines Armee-Corps haben mir diese Waaren treffliche Dienste geleistet. Es ist ja selbstredend, daß die freiwillige Krankenpflege den Medicinkarren des Bataillons nur unterstützen kann und soll, — aber der Delegirte von Erfahrung hat ein gewisses Raffinement für das „Fehlende" sich angeeignet und zu dieser Zeit war ich — wie ich es ohne einen Hauch von Anmaßung, aber mit glühender Begeisterung für meine prächtigen Jungens noch heute aussprechen darf — ein „sehr gesuchter" Mann und der Doctor von Eau-bonne in den Compagnien und Schwadronen von Jedem gekannt und — ich denke — Jedem sympathisch, denn das abweisende Wort: „Das habe ich nicht" — — stand nicht in meinem Lexikon!! Ich hatte für Jeden Etwas, nament= lich für Jeden mein volles, ganzes Herz!!....

Die Uebergabe von St. Denis und die officielle Kundgebung der zwischen dem „eisernen Grafen" und Herrn Jules Favre abgeschlossenen Convention, die zunächst einen Waffenstillstand bis zum 19. Februar in's Auge faßte, änderte — wie mit einem Zauberschlage — unsere Lage. Ich glaube bereits angedeutet zu haben, daß die neue Situation nicht überall und nicht in allen Gesichtspunkten für uns — auf Vorposten — etwa an= genehmer wurde. Im Gegentheil..... Auch für meinen bescheidenen Wunsch, hier gute und erinnerungswerthe Reminis= cenzen zu beleben — wird von nun an der Boden gefahrvoller. Ich hatte den Vorzug, als Vertrauensmann in der Auswechselung Kranker und Verwundeter zu Paris thätig sein zu dürfen. Meine Papiere enthalten da discretionäre Dinge, die leider die Ver= öffentlichung verbieten. Ich würde die Franzosen kränken und beleidigen — das will ich vermeiden.... Es kommt auch eine Periode von Anecdoten vor und hinter den Coulissen, die entweder für das von mir stricte festgehaltene Gefüge des „Selbsterlebten" keine direct legitime Berechtigung haben, oder mit einem politischen oder militairischen Parfum hintreten, von dem ich mich — und hoffentlich zur Zufriedenheit der Leser — bisher ziemlich sorgsam entfernt gehalten habe! Nichts ist ge= fährlicher und nichts unberechtigter, als im Kriege in der Rolle eines Chronisten mit dem: „ich hörte", „man sagt", „gestern brachte General v. X. die Nachricht" u. a. m. zu debütiren, resp. „Geschichte zu machen" .. ich kann ganz bedeutende Quellen über den französischen Krieg nennen, die nicht frei von diesem Vorwurf sind! Endlich würde ich eine Indiscretion begehen, wollte ich Briefe mit Urtheilen über Mängel und Bedenken veröffentlichen. Soweit diese etwa das „Rothe Kreuz" betreffen, habe ich mich ganz rückhaltlos ausgesprochen. Ich hatte die Ehre, aus dem Feldzuge alle 2 bis 3 Wochen an die unvergessene, hochselige Kaiserin Augusta zu berichten — privatim zu berichten und mich in meinen Plänen ihres allerhöchsten Beifalls zu erfreuen!! Für die militairische Action giebt es selbstredend nur ein Evangelium, das ist das officielle Kriegsjournal der General- oder Oberkommandos. Aus diesen mit glänzender Fähigkeit und in überzeugungstreuester Wahrhaftigkeit niedergelegten Berichten ist das berühmte Generalstabswerk an erster Stelle hervorgegangen, über dessen unbestrittenen Werth der peinlichen Unparteilichkeit und Treue in Wiedergabe der Thatsachen längst die Acten geschlossen sind! . . . .

Es ist nun sehr verführerisch, speciell von den humoristischen Scenen zu sprechen, die jeden Tag neuen und amüsanten Stoff boten. Die Brücke von Sartrouville z. B., die Hunderte von Equipagen täglich passirten, und über die Tausende von Menschen aus und nach Paris strömten, war zu dieser Zeit einer der ergiebigsten Punkte für einen Romanschriftsteller oder Possendichter . . . . man mußte eben nur Nerven und Humor haben, und an beiden waren wir nachgerade ziemlich bankerott! Ich muß natürlich die romanhaft klingenden und doch thatsächlich täglich passirenden aventures des dames du boulevard hier ganz übergehen, so verlockend es auch für mich ist, beweisen zu können, wie oft „Liebe und Hunger" Hand in Hand gingen! . . . .

Die bedeutungsschwere Frage des langentbehrten und auch jetzt nur noch mit unerschwinglichen Opfern zu erkaufenden Menu für einen einigermaßen verwöhnten Pariser Magen, stand auf der Tagesordnung voran. Glaubwürdige Franzosen brachten übrigens in ihren Schilderungen die Münchhausiaden von dem „Pariser Hunger" schon damals auf den normalen Punkt. Vom

Tage von Wörth an bis zum 19. September, also sechs volle Wochen, hatte man Zeit gehabt, dies riesige Babylon nicht allein zu verproviantiren, sondern colossale Massen von Mehl, Zucker und Sprit in den Umgebungen abzulagern. Wir hatten ja einen enormen Flächenraum — nicht blos Paris — umgürtet, und wenn die guten Pariser auch zu dieser Zeit gerade keine Turbots mit Austernsauce bei den Frères Provencaux oder im Palais royal essen konnten und sich an den Beafsteaks à la Westmoreland von dem Filet abgetriebener Omnibuspferde auch nicht besonders delectiren mochten, so ist doch von eigentlicher, andauernder Hungersnoth kaum die Rede gewesen. Die Sterblichkeit der Kinder war freilich in Paris entsetzlich, und manch' grausige Scene, die uns aus den ärmeren Vorstädten berichtet wurde, ja, die ich erleben mußte, entzieht sich der Nacherzählung! Welche Preise jetzt an der Brücke von Sartrouville für ein Brod aus unseren Bäckereien gezahlt wurden, welche Werthe der biedere Musketier für eine Erbswurst erzielte, welche Art von raffinirtestem Tauschhandel hier überhaupt in Scene ging . . . . davon muß ich ja leider schweigen! . . . . . Ein kleines à propos sei erzählt. . . .

Eines Mittags stehe ich mit einem Husarenoffizier der Merseburger liebenswürdigen Blau-Röcke plaudernd an der Stelle, wo die passe-ports revidirt wurden. Ein Brougham mit zwei wundervollen englischen Füchsen rollt heran. „Madame" im hocheleganten Nerzpelz sitzt auf dem blauen Atlas allein im Fond — Kutscher und Lakai in untadelhafter attelage . . . das Mehl war der Gesellschaft ausgegangen — der Puder nicht! . . . . Zehn Schritte von uns steht ein Trainsoldat und betrachtet schmunzelnd seine Kartoffeln — etwa eine Metze — und 2 bis 3 Dutzend halbverfaulte kleine Zwiebeln, die er sein Eigen nannte. Madame fait arreter . . . . unerhörtes Kauderwelsch zwischen Nachfrage und Angebot, und für drei Napoleons wandern die Kartoffeln und Zwiebeln inclusive mouchoir auf den Sitz des wappengeschmückten Wagens neben Madame . . . stolzer Gruß

— unbeschreibliches Grinsen des beglückten Trainsoldaten — Gruppe! . . .

Und noch Eins, das ich doch nicht verschweigen darf, denn es war mir nach jedem Gesichtspunkt hin höchst interessant. . . . Ich bestätige eine ganz augenfällige, allseitig constatirte gewisse vornehme Reservirtheit unserer braven Jungen vis-à-vis des avances des dames du demimonde . . . . — man soll diesen instinctiven Widerwillen gegen dies heruntergekommene Proletariat nicht unterschätzen . . .! — — — Auch mir sollte ja ein höchst eigenartiges Intermezzo nicht erspart bleiben, das durch Bilder und Briefe, die vor mir liegen, seinen characteristischen Werth frisch erhalten hat! . . .

Man erinnert sich, daß mir der Vorzug zu Theil geworden war, mit meinem Begleiter Dr. A., einem Kandidaten der Theologie aus H., Anfangs October eine reizende Villa in Eaubonne zu occupiren, die bis ins Detail komplet eingerichtet war, eine glänzende Dependance in einem kleinen Park besaß — in dem zeitweise meine „Liebeshammel" weideten —, in der ich dauernd verwundete oder kranke Offiziere beherbergte und pflegte und dem vis-à-vis in der Dorfstraße ich mein großes Depôt in 14 Zimmern inscenirt hatte. Die Villa gehörte einem Pariser Bankier, Monsieur L., und es war mir eine Art Sport und Genugthuung gewesen, nicht allein den Komfort der Einrichtung möglichst intact zu erhalten, sondern der Zufall hatte gewollt, daß man aus benachbarten Villen desselben Ortes, die durch Feuer oder Granaten zerstört, in Lazarethe umgewandelt, oder aus irgend anderen Gründen geräumt werden mußten, die werthvollsten Meubles und Gegenstände in „mein" Haus, an dem das „Rothe Kreuz" prangte, gebracht hatte — selbstredend, um sie vor dem Verderben zu retten. So hatten z. B. die trefflichen Dragoner, die lange mit mir in Eaubonne lagen, jenen Steinway'schen herrlichen Flügel in meine Billardstube gesetzt, der uns so viel erhebende Stunden des Genusses bereitet hatte. Schränke, Tische, Kronleuchter, Sophas, Betten, Bilder,

Porzellan, Teppiche u. s. w. waren in buntem Durcheinander bei mir abgelagert, — welchem Herrn gehörig, ahnte ich nicht, — war auch ganz gleichgültig, — da mochten sich nur die Besitzer bedanken, denen ich Einzelnes dadurch gerettet hatte...

Eines Morgens meldet mein Kutscher einen alten Herrn, der aus Paris käme und von General v. Z. aus St. Denis einen Geleitspaß auf 12 Stunden besaß. Ich lasse bitten, einzutreten. Wer steht vor mir?... Der Besitzer meines Hauses, Bankier L. Ich saß im Boudoir seiner Gattin und arbeitete... Unsere Unterredung war lang und voll ernstesten Inhalts, aber durchströmt von der herzlichen Dankbarkeit meines Wirthes, der sich mit unbeschreiblichen Blicken — oft liefen ihm die Thränen über die Wangen — in seinem Eigenthum um= sah... Ich bat ihn zum Frühstück. Er nahm an. Wir aßen — etwa 10 Personen — an seinem Tisch, von seinem Porzellan, tranken seinen Wein, — freilich aßen wir unsere Erbswurst, unsere Schinken, unsere Eier, — aber wir sprachen doch auch seine Sprache und boten alle Liebenswürdigkeit und Zuvorkommenheit des tête allemande auf, den alten Herrn zu erheitern. Es gelang! — Nach Tische öffnete ich die Thür zu unserer sogenannten „guten Stube", wo wir eine Friedens= cigarre rauchen wollten. Es war jener kleine Saal, den der Krieg zu einer Art Sammelbazar werthvollen Meublement's aus drei oder vier Villen der Nachbarschaft gemacht hatte. Bankier L. trat ein, blieb eine Secunde sprachlos stehen und fiel dann mit einem: „mais, grand dieu..." wie vom Schlage getroffen in einen Stuhl... Er hatte toutes les pièces de ses voisins erkannt, und glaubte, er träume. Die Situation ward ihm lächelnd bald erklärt und er lachte selbst mit...
Abermals: Gruppe! Der alte Herr drückte mir mit Thränen die Hand, als er sah, daß ich seine Familienbilder, seine hoch= stämmigen Rosen gut verwahrt hatte, daß ich seinen Schreib= secretair zwar benutzte, aber ausnahmslos alle Werthsachen und Briefe, Contracte und Dokumente in einen Lederkoffer

gepackt und an ihn adressirt hatte... Er nahm herzlichen Abschied....

Ich muß hier, zu meinem lebhaften Bedauern, gleich hinzufügen, daß ich nicht ahne, wie mein braver hospes sein Eigenthum am Ende aller Enden zurückerhalten hat, denn wie ein jäher Blitzstrahl aus heiteren Wolken weckte uns am 11. Februar aus einer gewissen kontemplativen Ruhe die Marschordre, und als ich 1878 mein ehemaliges fünfmonatliches französisches Daheim persönlich wieder und zwar mit klopfendem Herzen aufsuchte, es ziemlich intact fand und ein wenig verlegen nach dem guten L. fragte, sagte man mir: „er läge auf dem Todtenbett, man erwarte stündlich sein Ende"... Das war freilich nicht der Moment, alte und so ereignißschwere Erinnerungen auszutauschen... Sei ihm die Erde leicht!...

Am 9. Februar kam der Befehl zum Abmarsch meines Armeecorps nach dem Westen — wir glaubten damals, die Bajonette bis an's Meer tragen zu müssen — in überraschendster Form. Was es besagen will, wenn ein militairischer Organismus, wie ein Armeecorps, nach fünfmonatlicher Stellung auf ein und demselben Platz plötzlich in Bewegung tritt, das zu beschreiben bin ich außer Stande! Wie sich der Anfangs unentwirrbar scheinende Knoten löst und Alles sich hineinfindet in die gebotenen militairischen Bahnen und scharf vorgezeichneten Geleise, das ist wunderbar und eines jener — speciell den Franzosen — ganz mysteriösen Exempel, für die das Wort „Disciplin" die einzige Zauberformel enthält!... Gern und leicht — ich will es nur eingestehen — verließen wir die Stätten so reicher und überströmend großartiger Lebenserfahrungen nicht. „Die Gewohnheit nennt er seine Amme" — sagt Schiller, und es kam ein Moment hinzu, das unser Scheiden ein wenig verbitterte. Es war die Gewißheit, bei dem ersehnten Einmarsch der Truppen in Paris — eine Perspective, die damals wenigstens den Soldaten sehr reizte — nicht zugegen sein zu können! Ich war in diesem

Gesichtspunkt stets einer entgegengesetzten Ansicht gewesen. Ich hatte mir gesagt — der ich Paris und seine Bewohner kannte —, daß etwa 16—18,000 Mann dazu gehören würden, täglich dort den unerquicklichsten Dienst der Polizeisoldaten zu thun, daß vor Allem dieser kleine Triumphrausch möglicher Weise mit sehr bitteren Erfahrungen und Kosten bezahlt werden könnte... kurz ich war von vornherein ein, meist heftig verurtheilter Gegner dieses Spazierganges von der Madeleine bis zum Tour de St. Jacques gewesen... Nun, mich dünkt, ich hatte au pied de la lettre nicht so ganz Unrecht!...

Mein Depôt und seine Zukunft — diese Sorge hatte mich beim Eintreffen des Marschbefehls zuerst ganz kopflos gemacht! Im strengen dienstlichen Reglement war auch nicht eine Zeile darüber zu ermitteln, was aus solchen „eingeschobenen Satzungen", wie ich eben eine repräsentirte, in derlei Fällen werden sollte...

Und hier bewährte sich wieder die große und vollendete Liebenswürdigkeit und Erfahrungsreife meines vorgesetzten, höchsten Chefs, des Generals von Alvensleben, und seiner Umgebungen. Es wurde nicht allein befohlen, daß ich fortan in den Reihen des Generalkommandos mitreiten sollte, sondern es wurden — nachdem eine wesentliche Quote meiner gesammten Habe den rückbleibenden Lazarethen und Aerzten zu freier Verfügung gestellt war — auch Mittel und Wege gefunden, daß ein außerordentlich wichtiger Theil des Depôts zur Unterstützung der während des Marsches zu etablirenden fliegenden Lazarethe bei mir blieb, während ein anderer langsamer folgte!

Wer war glücklicher, als ich?... Ich blieb bei „meinen Lieben", denn das waren diese ausgezeichneten Menschen, die durch getheilte Gefahr, Leid und Freud' allesammt in ein enges, herzlich geeintes, kameradschaftliches Bündniß getreten waren — ein Verhältniß, dessen edler, reiner, in der Erinnerung lebender und frisch strömender Hauch nur mit meinem Leben enden wird!!....

Und wahrlich, Niemand möge glauben, daß hier nur von

den perſönlichen Beziehungen die Rede ſein ſoll, die Offiziere mit dem intimeren und engeren Kreis Gebildeter und Bevorzugter vereint... O nein! Grade der einfache Soldat der vielen Regimenter, mit denen mich meine heterogenen Beſchäftigungen in ununterbrochener Berührung gehalten hatten, — grade der iſt es, deſſen ganzem Weſen und Leben ein Civiliſt in meiner Lage und in den wechſelvollen Scenen eines ſechs- bis ſiebenwöchigen Marſches viel näher treten und da hülfreich wirken kann. Ich danke dieſen Beziehungen meine erinnerungsreichſten Stunden, vielleicht auch den practiſch zweckentſprechendſten Erfolg meiner geſammten achtmonatlichen Thätigkeit! —

In ſtrömendem Regen ging es am 11. Februar Nachmittags 3 Uhr in Versailles im Paradémarſch an den Fenſtern Sr. Majeſtät des Kaiſers vorbei! Der hohe und enthuſiaſtiſch geliebte Herr, deſſen Antlitz wir ſo lange nicht geſchaut, ſah uns mit ſeinen freundlichen Augen lange nach! Wohl war der Soldat faſt unkenntlich vom Regen und Schmutz der Straße, — aber feſt, forſch und ſchneidig ging es vorbei, als hätten die Leute ſeit 20 Wochen nichts als Paradémarſch geübt! Der Blick ihres Kaiſers vom offenen Fenſter her electriſirte ſie, und ſo bezogen wir das erſte Marſchquartier zu Versailles. Wir blieben nur einen Tag. Am nächſten Mittage erſchienen dann die endloſen Colonnen — darunter auch meine hochbeladenen Wagen, — um von nun an von den genialen Dislocationsmaßregeln der Generalſtabsoffiziere — auch ſo ein Stückchen Märchenzauber, von dem man daheim meiſt wenig Ahnung hatte — ihre Directiven abzuwarten.

In Versailles habe ich mich wenig umgethan. Natürlich war mein erſter Gang in den Saal, in dem die Kaiſerproclamation ſtattgefunden!... Was iſt aus dem Vergötterungscultus des XIV. Ludwigs, aus dem Blendwerk dieſes letzten Kaiſerthums übrig geblieben? „Noch eine hohe Säule zeugt von entſchwund'ner Pracht, — auch dieſe, ſchon gebörſten, kann ſtürzen über Nacht"... Die berühmten Waſſerkünſte waren eingefroren.

Aber all' die tausend Springbrunnen würden auch nicht so viel Wasser sprühen können, als Frankreich Thränen für seine Schmach und sein Elend zu weinen hat!... Ich aß im Hôtel des Reservoirs an der table d'hôte, an der wohl 12 oder 15 deutsche Fürsten zu Tische saßen.... Wir lauschten hier zum ersten Male wieder seit Monaten der Zukunfts= musik deutscher Politik.... Wir, die wir Mitten im Rahmen des Bildes standen, was wußten wir von den Farben, die auf der Palette gemischt wurden?... Wahrlich am wenigsten. Wir gehorchten — damit Basta — und marschirten weiter!.. Ein herzlicher Händedruck des Kronprinzen Friedrich Wilhelm, meines unvergeßlichen, theuern Protectors, belohnte mich tausendfach!...

Bevor ich nun die letzten Papierschnitzel zusammenfüge, um durch irgend eine Skizze unsers vielbewegten und wechselreichen Marschlebens das liebe Bild meist glücklicher und stets erhebender Erinnerungen zu vervollständigen, mag es mir vergönnt sein, noch einen Augenblick mit dem Abschiedswort an meine Lazarethe und Depôts auf eine der ernsten Fragen zurückzukommen, die sich in den Studien und mit den Erfahrungen jener geharnischten Stunden Dem aufdrängten und noch heute aufdrängen, dem dieser Dienst für die practischen Humanitätsbestrebungen des „Rothen Kreuzes" eben mehr als ein „Sport" war! Man hat uns damals aus der Heimath in Form pikanter Artikel die un= reinsten Dissonanzen hineingeworfen in unsre Thätigkeit, die oft genug bis zur letzten Hingabe von Energie und Mannesmuth ging! Man hat sehr übel daran gethan! Man wolle der= gleichen Tadel und Kritik immer erst auf den Prüfstein des sittlichen Ernstes und echter Erfahrungsreife legen, bevor man den „freiwilligen Mann im Kriege" angreift.... Ich richte mit vielen meiner Mitkämpfer, die der sittliche und tiefe Ernst des selbstgewählten, meist selbsterkämpften Berufs nicht blind machte für so manche Unzuträglichkeiten in der Organisation unseres freiwilligen Liebeswerkes, namentlich diese Frage und Bitte an die Frauen, — an jene edlen, uneigennützigen und hochherzigen Frauen, die in der Heimath unsere besten, selbstlosesten Bundesgenossen und Mitstreiter waren und sind! Was wäre aus uns geworden, wenn wir nicht daheim den Fleiß und die nimmermüde Vorsorglichkeit der deutschen Frau hatten?.. Sie standen dauernd und mit unentwegter Energie und Frische auf Vorposten und in den Breschen, wenn die Noth uns angriff und schwer bedrohte, und kein Eisernes Kreuz schmückt gerechter eine Brust, als die schönen Erinnerungszeichen, mit denen die erhabene und erlauchte Frau, die mit seltenem Geist und seltenem Herzen an der Spitze der Initiative aller dieser glänzenden Bestrebungen stand, den Kreis ihrer Getreuen zierte und ehrte...

Es ist mir ein Herzensbedürfniß, eine ernste und zugleich eine schöne Pflicht, für die ich ganz besonders werthvolle Beglaubigungen zu Dutzenden vor mir liegen habe, der Kaiserin-Königin Augusta, gesegneten Angedenkens, auch hier ein monumentum zu stellen, aëre perennius! Mehr denn zwanzig Jahre ist mir der Vorzug zu Theil geworden, des persönlichen Vertrauens, der persönlichen Huld und Gnade dieser erlauchten Fürstin gewürdigt zu werden... Ich weiß aus meinen Beziehungen des „Rothen Kreuzes" nicht allein, nein, aus hundert anderen Zügen des directen Eingreifens der hochseligen Kaiserin in Noth, Kummer, Elend und Verzweiflung, welch' ein großes, wunderbar feinfühliges Herz diese hochbegabte Frau hatte und wie sie es bethätigte!.. Tausende und Abertausende von Mark sind durch meine Hände gegangen, von denen kaum ihre nächste Umgebung eine Ahnung hatte, die Thränen trockneten, Balsam für Wunden waren! Was hat sie allein für jene „verschämte Armuth" gethan, die in Folge des Feldzugs so oft zu den Zähren des Verlustes von Gatte und Bruder noch die doppelt bitteren der Noth weinte! Wie viele Zettel und Notizen der edlen Kaiserin liegen vor mir, die ich discreter Weise ungedruckt lassen muß, auf denen mitunter die stolzesten Namen Preußens und Deutschlands stehen, die sich an das Herz dieser unvergleichlichen Frau wandten — — und niemals vergebens!... Wie liebte sie die „blauen Helden Kaiser Wilhelms" da draußen! Wie hat sie für uns gesorgt durch Beispiel der entzückendsten Uneigennützigkeit, Uebersicht, Sorgfalt an tausend Ecken und Enden!! Ein schönes, immergrünes Reis vom unverwelkten Lorbeer des stolzen Jahres 1870—71 gebührt der Kaiserin Augusta, deren Angedenken unter uns gesegnet sei für und für!!....

Ist es nun — um in meinem administrativen Bilde fortzufahren — ein Jagen nach Idealem, nach Illusorischem, eine Vermessenheit, wenn ich eine Art Generalstab energischer Frauen selbst „im Felde" zu sehen wünsche und einer Probe, einer Vorbereitung dazu das Wort rede?... Wahrlich, ich stehe lediglich auf dem practischen Boden der Erfahrung. Ich habe es erlebt, was es besagen will, wenn in einem großen Feldlazareth, in einem umfangreichen Depôt der freiwilligen Krankenpflege, in der Organisation der Kücheneinrichtungen für stillliegende Truppen, in der Ueberwachung umfassender Wascharrangements, in den Directiven für die Reinlichkeit und das Wohlbehagen, in der Sorge für die pünktliche Befolgung ärztlicher Befehle... und wie die hundert Beziehungen sonst heißen mögen, in denen auch der pflichtgetreueste Mann dem instinctiven Blick und Wirken einer Frau nicht das Wasser reichen kann.... ich habe es erlebt, welch' einen unsagbar großen Nutzen eine resolute, tüchtige Frau im Felde schafft! Und aus diesen rein practischen Gesichtspunkten frage ich: „Ob es denn etwas so Unerhörtes ist, wenn entschlossene, nervenfeste Frauen im Frieden auch einmal einen Kursus (oder mehrere) über Verwundungen im Felde, Behandlung von Stich- und Schußwunden durchmachen, auch einmal in die düstern Geheimnisse der Typhus- und Pockenbehandlung einen Blick werfen? Ist es denn etwa „unweiblich", wenn Frauen einmal 8—14 Tage lang den Uebungen einer Krankenträger-Compagnie beiwohnen? Ist es endlich ungalant und unerlaubt, zu fragen: „Wo hört der zweischneidige Dilettantismus dieser Bahnhofs-Verbandstationen und Verpflegungen mit seiner oft forcirten und ostentativen Thätigkeit auf, und wo fängt der bittere Ernst meines Vorschlages an?... Nun, dem Himmel sei Dank, schon stehen ja Tausende von edlen Frauen mitten im Arbeitsbetrieb dieser meiner Vorschläge und die Zukunft wird lehren, welch' eine „mobile Armee" von Wohlthäterinnen wir uns heranbilden!!...

Man darf ja nicht dabei an Marie Simon exemplificiren wollen. Dergleichen, für einen so eigenartigen und grenzenlos schweren Wirkungskreis besonders und exceptionell befähigte Erscheinungen wollen mit einem eigenen Maß gemessen sein — ich bin Zeuge gewesen, welche Hindernisse diese seltene Frau besiegte — Hindernisse, vor denen die Energie der Männer zurückbebte..... Und ich bin ebenso entfernt davon, an ein junges, vielleicht zartes und verwöhntes weibliches Wesen rigorose Anforderungen zu stellen, deren Bewältigung einen schweren inneren Kampf mit Erziehung, Gewohnheit, Vorurtheil, körperlicher Schwäche erheischt..... Aber ich halte es für ebenso gut practisch ausführbar, als segenspendend und heilbringend in jeder Tragweite des Worts, daß im Feldzuge reisende Vereinsdamen — jede Dame von einer oder mehreren geprüften, gewohnheitsgemäß abgehärteten, sozusagen professionirten Krankenpflegerinnen begleitet — die Lazarethe und Depôts ihres engeren heimathlichen Armeecorpsbezirks bis an die Kriegslinie heran besuchen und an den bedrängtesten Punkten Rast machen. Sie mögen versichert sein, daß ihnen die ausgesuchteste Zartheit und Ritterlichkeit Aller die Bahnen ebnen wird, und daß sie, wo sie auch erscheinen werden, als gute Engel begrüßt und auf Händen getragen werden!...

Die persönlichen Relationen einer Frau, einer Vereinsdame direct vom Kriegsschauplatz in die Heimath an die daheim arbeitenden Kreise — die bessere Beurtheilungsfähigkeit einer Frau für das, was fehlt, was Noth thut, die Vorsorglichkeit für die so oft vernachlässigten Fragen der Salubrität, für welche Officiersburschen, Krankenträger, kommandirte Soldaten u. dgl. selten ein großes Talent mitbringen, und denen eine peinliche Reinlichkeit oft eine Last ist..... Alles das wird und muß die günstigsten Folgen haben! Besonders construirte und begnadete Naturen werden sofort im Felde herausfinden, wie ein solcher „fliegender Generalstab von delegirten Frauen" seinen Wirkungskreis ausdehnen und mit Charakterstärke und Selbstverleugnung ein bevorzugtes Glied der ganzen Organisation werden kann!!

Darf ich, von dem gesunden Gedanken ausgehend, nur bei einem kleinem Beispiel stehen bleiben? ... Wie viel Tausende von Ellen Leinewand habe ich besessen! Amsterdam und Rotterdam sandten mir eines Tages 1500 Ellen Shirting, und ein reicher Engländer, der sich plötzlich eines Morgens, vom Kronprinzen von Sachsen gesendet, im December 1870 bei mir einfand und mich — etwa wie eine gute Fee aus Großmama's Märchen — fragte: „Was mir überhaupt fehle, was ich mir wünschte?" schickte mir nebst 16 riesigen Kisten mit Gemüseconserven und „Eingemachtem" etwa 800 Meter der besten Leinewand .... wie nun, wenn ich eine Dame in der Nähe gehabt hätte, die eine Nähmaschine besaß und ein wenig zuschneiden konnte? .... Ferner hat die von Dr. Wichern begründete Felddiakonie vom August 1870 bis April 1871 die Kleinigkeit von 118,873 Bänden, Bibeln und sonstigen vortrefflichen Büchern an die Lazarethe auf deutschem und französischem Boden und an die bei uns internirten französischen Kriegsgefangenen vertheilt..... Wäre nicht auch hier der Werth einer weiblichen Hand von großer Bedeutung? Wir Männer hatten und haben gegebenen Falles wahrlich Anderes zu thun, als uns um die an sich ja so dankenswerthen Bücher und Wäschefragen zu kümmern! ... Endlich lag ein Plan einer Lazareth=

zeitung, einer geordneten, in telegraphischer Kürze zu fassenden Correspondenz der Verwundeten und Kranken mit den Angehörigen in der Heimath und umgekehrt, den ich gerade in's Leben setzen wollte, vor, als uns der unerwartete Marschbefehl traf... Auch hier wäre die Redaction am besten in weiblicher Hand!! — — Doch genug!.... Wir sitzen im Sattel und reiten dem Westen des schönen Frankreichs zu....

Am 11. Februar hatte die Kaiserin-Königin aus Berlin die fröstelnde Kunde von 18 Grad Kälte telegraphirt. An diesem Tage brachen wir die Zelte ab... Der Nachgeschmack blieb auch uns nicht erspart, aber ein munterer Trab am zweiten Marschtage von Versailles nach St. Cyr, dem ehemaligen Fräuleinstift der berühmten Marquise de Maintenon, verjagte alle üblen Launen und Klagen. Es ist mit dem preußischen — und ebenso mit dem sächsischen und dem badenser, die ich kennen lernte — Soldaten ein wunderbares und wundervolles Ding. Es braucht Alles bei uns eben nur befohlen zu werden: „das und das geschehe!"... so geschieht es — „und wenn der Säbel bricht," wie das geflügelte Wort das so treffend kennzeichnet!... Hier in St. Cyr, dem Treibhaus der jungen feindlichen Offiziere, mit denen wir uns eben gemessen, war wohl dies Axiom nicht oberste Directive der Erziehungsmethode!.. Wir kamen zu Nacht nach Rambouillet. Das ist der berühmte Platz der kaiserlichen Wollböcke... Man hatte den letzten längst... verspeist, oder in die Bretagne gesendet — ich gedachte dabei des letzten meiner verehrungswerthen Liebeshammel — wie lange war das letzte Cotelette verzehrt und vergessen?.. und trocknete eine Thräne der Rührung! Die landschaftlichen Umgebungen, die so reizend in Abwechselung von Ebene, Hügel, Wald und See in unserem Standquartier gewesen waren, — hier hatten sie eine unverkennbare Aehnlichkeit mit der Eintönigkeit Westpreußens... Wir waren in etwas gedrückter Laune!..

Am dritten Morgen ging es über Epernon nach Maintenon. Das gräfliche Schloß gehörte einem Duc de Noailles. Die geistreiche Freundin des „großen Ludwig" hatte es durchzusetzen gewußt, daß eine ihrer bürgerlichen Nichten — nur böser Leumund deutete die verwandtschaftlichen Verhältnisse noch intimer — einen Herzog von Noailles geheirathet hatte, und auf diese Nichte der „veuve Scarron" war die schöne Morgengabe des vierzehnten Ludwig übergegangen. Ueberall im Schloß, an den Thüren, Säulen, ja bis zur Architectur der Sophas und Stühle herab springt ein Eidechsenkopf aus Blumenquirlanden uns entgegen, — das alte Wappen der Noailles aus dem 9. Jahrhundert . . .

Man lernt überhaupt bei einer solchen Tour aus dem Département „Seine et Oise" in das der „Eure et Loire" worin wir damals marschirten, eine Fülle von Details französischer Geschichte, speciell Kulturgeschichte, in die uns der pikant erzählende Alexander Dumas père nicht eingeweiht hatte und der hat doch das Möglichste geleistet en histoire, pour la faire piquante. . . . Ich will nicht sagen, daß aus dem Bilde Louis quatorze, das über einem prächtigen Betschemel im Schlafgemach der Maintenon hing und den König in seiner Jugend als einen auffallend schönen Mann darstellte, gerade „Geschichte" zu lernen ist, aber doch vielleicht Mancherlei, das in keinem Lehrbuche gedruckt zu finden sein dürfte! . . Der Krieg hatte diese ganze Gegend fast gar nicht oder doch nur mit sehr zarter Hand gestreift. Handel und Wandel waren fast ungestört, die Gebildeten leiblich entgegenkommend, die Quartiere gut, Alles, was wir sahen, von einer immerhin hochinteressirenden Neuheit des Eindrucks. . . Nur Zweierlei störte. Einmal die Thatsache, daß wir uns weiter und weiter von der Heimath entfernten und dann das auf Schritt und Tritt erstaunlicher werdende Ungebildetsein der Masse des Volkes und die Starrheit, mit der sie an den verlogenen, ihnen aber eingeimpften, blödsinnigsten Ideen und Vorurtheilen über den

Verrath, deren Opfer sie seien, und über unser Barbarenthum festhielten! In dem Wort „prussien" — man verwechsele das ja nicht mit „allemand" — lag eine solche Tiefe von Groll und Verachtung, Angst und Geringschätzung gepaart, daß unsere exemplarische Manneszucht lediglich allein Exzesse verhinderte, die sonst unvermeidlich gewesen wären! Die Schulbildung fand ich unter Null, den Einfluß der klerikalen Einwirkung auf das Familienleben weit über meine Begriffe... Die Geistlichen waren meist gebildete Herren, — die Jesuiten in erster Linie!...

Am vierten Tage erreichten wir die Hauptstadt des Departements Eure et Loire: „Chartres"... Ich will nun wahrlich dem guten, rothbäckigen Bädecker nicht in's Handwerk pfuschen, aber ich darf doch an der wundervollen, im rein gothischen Styl des 12. bis 14. Jahrhunderts gebauten Cathedrale nicht vorübergehen, ohne zu gestehen, daß ich nächst dem imposanten Gotteshaus in Rheims nichts Großartigeres an Kirchenbau in ganz Frankreich getroffen habe. Ein tour du chœur, d. h. eine colossale Umgürtung des Hochaltars in der Cathedrale — Nischen mit mehr als hundert Figuren über Lebensgröße, aus Stein gehauen — ist das Vollendetste, das wohl überhaupt in dieser Art der bildenden Kunst existirt. Faltenwürfe, Baldachine und Stoffe sind mit einer Feinheit in den Sandstein gemeißelt, daß man glauben möchte, echte Spitzen aus Alençon oder le Mans vor sich zu sehen. Diese Kunst und die der Bildung herrlicher Farben, die man dem Glase einzuhauchen verstand, das uns jetzt noch nach 500—600 Jahren mit intacter Frische von den alten Domfenstern her anschaut, — sie scheinen doch verloren gegangen zu sein!... Daß ich meinen Koffer mit Photographieen füllte, wird man mir ohne Versicherung glauben!...

Der nächste Tag führte uns per Bahn nach Nogent le Rotrou. Wir nahmen damit hinter dem III. Armee=Corps Stellung; links von diesem stand das 10., noch weiter links in Blois und Orléans das 5. Corps. Wir gehörten also zu jenen

Occupationstruppen, die für den immerhin nicht ausgeschlossenen Fall einer Erhebung der Armee Chanzy's — Bourbaki war gefallen — noch einmal in Action treten konnten. Wir waren schon vor Chartres und Beauce in die Perche getreten, in der es waldiger und bergiger ist. Nogent war ein ärmliches Nest. Rings herum hatten die Franctireur-Colonnen arg gehaust. Ich war bei einem Geistlichen einquartirt, bei dem nur ein Gegenstand ein freundliches Gesicht machte, das war das Bett, und ich mußte oft an die drastische Ausdrucksweise unserer braven Jungen denken, die da summarisch behaupteten: „In Frankreich gebe es nur drei gute Dinge, die Wege, die Betten und die Katzen." Es klingt kurios, aber es ist viel Wahres daran. Die Gegend erinnert hier an unser Schleswig. Ueberall auf dem Lande liegt das Häuschen vereinzelt im Garten, dieser ist von Hecken dicht umschlossen, dann kommt der Acker rings herum, ebenfalls von Gräben und Hecken, wie eine Festung, zernirt... ein, für den Guerillakrieg dieser Franctireur-Banden, vorzügliches Terrain....

Mir ward — wir hatten Ruhetage — Befehl, mein Depôt halb zu vertheilen und eventuell neu zu organisiren, da ich hier den letzten Zuzug deutscher Opferwilligkeit, und zwar in einer gradezu märchenhaften Form der Nachsendung aus Deutschland, in Empfang nahm. Wie trat jetzt auf dem Marsch jedes Stückchen wollenes und leinenes Zeug, jedes Paar Strümpfe, Lichte, Zucker, Taback, und was ich sonst noch besaß und bekam, in doppelten und dreifachen Werth, da Wetter und Weg viel ruinirte, was sich im Kantonnements-Quartier noch so leidlich gehalten hatte. Auch meine pecuniären Mittel, mit denen ich sorgsam gewirthschaftet hatte, da ich stets in Bezug unserer etwaigen schnellen Friedensheimkehr pessimistisch gesonnen war, traten nun helfend heran. Ich fuhr nach le Mans, das mich lebhaft interessirte, wenn nicht die häßlichen Tafeln: „Hier sind die Pocken" an jedem zehnten Hause den Aufenthalt verleidet hätten, und kaufte ein, was am bringendsten Noth that... Die

Leute nahmen deutsches Geld ohne zu zucken und machten mir bescheidene Preise — es ging ein freundlicher Zug durch Angebot und Nachfrage. . . .

Aus Nogent le Rotrou will ich noch eine kleine Randbemerkung beifügen, die characteristisch sein dürfte. Mein Wirth, ein Geistlicher, war ein hochgebildeter Mann, der seine Zeit und sein — verirrtes Volk begriff. In seiner Stubirstube hing (— wie er dazu gekommen, wollte er nicht sagen —) das „Original=Todes=Urtheil" der Königin Marie Antoinette über dem Schreibtisch. . . Wie mich das interessirte, bedarf keines Wortes. . . Er ließ es mir kopiren und schenkte es mir. . . Es ist mir gestohlen worden, wie so manches Angedenken an diese wunderbaren Tage! . . Mit unserm Schuhwerk sah es um diese Zeit bedenklich aus. Der Marsch war angreifend. . . Ich hatte erkundet, daß im Keller der Kirche Fässer mit Tausenden von Stiefeln ständen, welche ein französischer Spekulant im letzten Moment des ausbrechenden Krieges hierhergesendet hatte. . . Mein Geistlicher öffnete mir bereitwillig die Sakristei und den darunter liegenden Keller. . . Richtig — 4 Fässer — in jedem etwa 200 Paar gelblederne Stiefeln — aber, o Schreck und Enttäuschung — bei näherer Besichtigung fand sich, daß die Sohlen am Oberleder nur angeklebt waren, nicht angenäht. . . Französische Lieferanten=Redlichkeit. . . Trotzdem kam ein Theil an deutsche Füße! . . .

Am 26. Februar rückten wir wieder von Nogent le Rotrou ab. Es ging über La Ferté Bernard durch eine herrliche Waldgegend nach Bonnetable, einem vom Krieg arg zerzausten Nest. Mitten im Städtchen steht ein 1040 erbautes, prächtiges Schloß, dem Duc de Rochefoucauld gehörig. Es ist der Stammsitz der Plantagenets, deren Eltervater die geschiedene Frau Ludwigs VII. von Frankreich geheirathet und damit den Besitz von Angoulème, Touraine und auch dieses Schlosses erworben hatte. — Im trefflich erhaltenen alten Festungsbau gab es für einen Shakespeare=Narren, wie ich einer bin, die überraschendsten Belehrungen in

Buch und Bild.... ich darf davon nicht reden, das würde den diesen Scizzen gewährten Raum weit übersteigen! „Die weiße und die rothe Rose"... nun, für uns waren vorläufig noch die „Dornen" das Bedenklichste, und für poetische Reminiscenzen sich zu erwärmen, war Tag und Stunde schlecht gewählt.

Am 27. Februar marschirten wir von Bonnetable weiter. Ein kleines literarisches Amüsement erheiterte uns während des Ritts. Der Schloßverwalter des Herzogs von Rochefoucauld — dieser war zur Zeit Deputirter in Bordeaux — hatte mir eine Uebersetzung des Goethe'schen Faust, von des Herzogs Schwager, dem Prinzen von Polignac, geschenkt, da er mein lebhaftes Interesse für dies kleine Buch erkannt hatte. Ich studirte zu Nacht eifrig in dieser gereimten Uebersetzung und bekam einen erneuten und höchst komischen Beleg von der geistvollen Tiefe, mit der auch die gebildetsten Franzosen in den Geist unserer deutschen Sprache eingedrungen sind!... Faust spricht von Gretchen das bekannte Wort: „Wie sie kurz angebunden war, das war nun zum Entzücken gar!".... Der Prinz übersetzt: „Et sa robe, comme elle était courte, c'était à ravir!".... Ist es denkbar, ist es möglich, einen haarsträubenderen Blödsinn zu interpretiren?... Und das ist die geistreiche Gesellschaft, die an der „Spitze der Civilisaton" marschirt?...

Auch Alençon, eine wenig anziehende ville morte besuchte ich. Die Stadt war von Soldaten vollgepfropft, wie eine Kaserne. In Nogent le Bernard, Chartres und jetzt in Fresnay hatten wir kleine Lazarethe zurücklassen müssen. Das Wetter wurde jetzt besser und der Gesundheitszustand befriedigender. In Nogent hatten wir Leder gefunden und schusterten uns die etwas resoluten Stiefel zurecht — es waren gerade keine Oppermann'schen Glacées, ich gebe das zu, aber: „Que voulez vous, Monsieur?".. Wir kamen nach Beaumont sur Sarthe im Departement dieses Flusses. Die Gegend war herrlich. Die

Sarthe strömt durch eine reiche, von bewaldeten Höhen umkränzte Aue. Meine Tagebuchnotizen zeigen mir, daß wir am 3. März dort vollen Frühling hatten, ja ich finde gebucht, daß mich wenige Tage später eine Wiese, blau von Veilchen, auf der prächtige Rinder weideten, mit ihrem friedlichen, frühlingsduftigen und heimathlichen Bild auf's angenehmste überrascht hat!.... Unsere Truppen richteten sich schnell häuslich ein. Die jungfräuliche Schüchternheit, mit der wir sonst wohl unseren Quartiergebern gegenüberstanden, war ein wenig geschwunden. Auch die Franzosen begriffen nach und nach, daß wir ihnen den Frieden brachten. Daß ihre Stimmung dadurch freundlicher, gefügiger wurde, kann ich leider nicht bestätigen; ich hatte sogar einen recht bitteren Beweis vom Gegentheil....

In Beaumont sur Sarthe, das genau in der Mitte zwischen Alençon und le Mans liegt, war ich bei der Mutter und Gattin des ersten Arztes der Stadt einquartiert worden. Der Doctor selbst war seit Beginn des Feldzuges in einem Pariser Lazareth leitender Arzt und die beiden Frauen — die ältere 78 jährige Mutter des Arztes war eine Elsässerin und sprach noch einige Brocken „Deutsch" — schienen für mich „Monsieur le docteur", den einzigen Ununiformirten, bald eine gewisse Sympathie zu gewinnen. Daß ich stillschweigend und ernst — obwohl ein Ketzer — die Kirche der Stadt besuchte, hatte mir vielleicht ihr Vertrauen erobert. Sie zeigten mir die Ballonbriefe des entfernten Sohnes und Gatten, um den sie in endloser Aufregung waren, und gestatteten meinem Kutscher die Besorgung des häuslichen Wesens, als ob er seit zehn Jahren in ihren Diensten stände. Diese Ballon-Briefe, die ich lange für Märchen gehalten hatte, existirten also. Sie hatten die Form einer Cigarette, aber nur die halbe Länge derselben und enthielten für jeden Uneingeweihten Hiroglyphen... Als nun eines Abends die heißersehnte Friedensbotschaft eintraf, mit den Glocken geläutet wurde und Alles in fieberhafter Aufregung zitterte, stürzte ich zuerst zu meinen Damen, um ihnen freudig bewegten Herzens — die Thränen in den Augen, denn auch ich gedachte Weib und Kind — die Nachricht zu bringen, daß nun der Sohn, der Gatte, der Vater wieder in ihre Arme eilen könne und die Tage des Jammers, der Noth und der Feindschaft ein Ende hätten!... Was fand ich? Wie ward meiner übervollen Herzlichkeit begegnet!... Mit eisiger Kälte nahmen die Frauen meine Mittheilungen entgegen, und die Frau Doctorin hatte den liebenswürdigen Tact, mir zu erwidern: „Die Revanche wird nicht ausbleiben — sie wird Sie bald genug ereilen!"...

Ich hätte das kalte Sturzbad übel nehmen können. Ich drehte der Sippschaft aber einfach sans adieu den Rücken und — bemitleidete sie!... Wer mir aber seitdem mit jenen optimistischen Regungen kommt, als sei das Ende aller Enden zwischen „jenen damals gedemüthigten" Herrschaften und uns irgend etwas Anderes, als der Krieg — und nur der Krieg —, wer mir erzählen will, daß die Besonnenheit, oder die Vernunft die Leiter dieses schönen Frankreichs doch endlich lehren müßte, von den Revanche-Thorien zu abstrahiren, von Herrn Gambetta bis zu dieser wahnwitzigen Louise Michel, von Thiers bis Rochefort, von den Spitzbuben bis zu den Anarchisten neusten Datums, — der darf es mir nicht übel deuten, wenn ich leise die Achseln zucke!!...

Die Franzosen werden unsere letzten Siege nie verwinden! Die junge Generation wird im Haß gegen uns erzogen! Die jungen Leute von heute — man vergesse das doch nicht — sind schon „während der Republik" geboren und die napoleonische Legende, die weit mächtiger war, als wir jemals geglaubt, zerbrach in Trümmer!... Wer in der Entwickelung dieser arbeitseifrigen Republik eine Garantie für den Frieden Europas finden will — ist ein Theoretiker! Der Umbildungsprozeß, der zweifellos wohl jetzt dort vor sich geht, weist unbedingt immer wieder und wieder auf den Krieg hin. Täuschen wir uns doch nicht über die unter der Asche glühende Sucht, uns zu be= müthigen... Die historisch bekannte und zehnfach erwiesene

Unberechenbarkeit des galloromanischen Volkscharacters spricht ebenfalls dafür. So lange die Republik so gute Geschäfte macht, wie bisher, wird sie friedlich bleiben! Ein Anderes freilich ist es, ob ihr nicht eines schönen Tages — abgesehen von allen Sehnsuchtsgelüsten nach Elsaß und Lothringen — der Krieg ein höchst schätzenswerthes Ableitungsmittel für die revolutionairen Bewegungen im Innern sein wird, die doch den heutigen Lenkern ersichtlich über den Kopf wachsen!! . . .

Doch: Verzeihung für die abschweifende Parenthese! . . . Ich habe in der That nichts weniger, als etwa die Anmaßung, ein politisches, oder militärisches essay zu verfassen . . In mein herbarium schaut mir die Hexe Politik nur ab und zu neugierig in die Blätter . . .

In Beaumont endete eigentlich die umfassende Thätigkeit des „Weißwaarengeschäfts" und des „Victualienkellers." Es wurde Inventur gemacht und die Masse ausgeschüttet! . . Es war immer noch ein ansehnlicher imponirender Posten von Licht- und Chocoladenkisten, Zucker, Hemden, Jacken und Strümpfen da. Diese Reste kamen meist den blonden Söhnen Thüringens und Sachsens zu Gute, diesen prächtigen, unermüdeten Truppen, die hier um uns lagen und nach der Friedensbotschaft den ganzen unverwüstlichen Humor ihres heiteren Temperaments wiedergefunden hatten. Man mußte sie sehen, wie sie im prächtigsten Maienwetter sich auf der Sarthe schaukelten, Veilchen suchten und diese mit einem — horribile et mirabile dictu — „französischen" Briefe irgend einer Ladendemoiselle zu Füßen legten, wie sie die unvermeidlich harte Hammelkeule der Frau Wirthin weich klopften, die kleinen französischen Schreihälse wiegten oder den gamins deutsche Turnlieder beibrachten, daneben Griffe und Paradenmarsch übten, als wären sie ganz gemüthlich im Garnisondienst, endlich aber Abends mit den halb unwirschen, halb mißtrauischen Französinnen zu einer intimeren Conversation, oder gar einem Tänzchen antraten . . . . lauter Genrebilder, voll der sprühendsten Laune und voll der amüsantesten Scenen, die sich leider weder mit Pinsel, noch Feder verewigen laſſen!..

Anfangs April war der, durch die unausgesetzte Liebenswürdigkeit hochſtehender Offiziere für mich weit über die Grenzen einer Delegirten-Thätigkeit, noch viel weiter über die meines etwaigen Verdienſtes oder gar meiner Befähigung ausgedehnte Kreis meiner Berufsthätigkeit in Frankreich als geſchloſſen zu betrachten ... Es waren im deutſchen Heere nicht mehr zehn jener Herren in Arbeit, die man Anfangs zu Hunderten gefordert und verwendet hatte. In meinem speciellen Armeekorps-Bezirk war ich seit Monaten der Einzige!... Welch eine tiefe und innige Herzlichkeit ſich in einer ſolchen Ausnahmeſtellung — im ganzen deutſchen Heere, das hatte der Kronprinz in Versailles laut ausgesprochen, gab es keine ähnliche Inscenirung — nach und nach in dem näherſtehenden kamerabſchaftlichen Kreiſe im Kriege entwickelt, dafür fehlen mir die Worte!.. Und wenn ich jetzt nach fünfundzwanzig Jahren, in dem Gefühl der glücklichen Rückerinnerung, der Freude und des Dankes, ja auch der Genugthuung auf dieſe großen, erhabenen und herrlichen Stunden zurückſchaue, die unvergeßlichſten und ſchönſten meines Lebens, in denen mein anſpruchsloſes Daſein kulminirte, — — — dann ſchäme ich mich des Tropfens der Rührung nicht, der mir aufs Papier fällt, und bin voll des innigſten und heißeſten Dankes an die Vorſehung, die mir vergönnte, daß ich unter ſolchen Führern und ſolchen Soldaten mein kleines Steinchen zum großen herrlichen Prachtbau der deutſchen Ruhmeshalle einſt hinzutragen durfte!.... Auf dem Hochaltar im Tempel echter und wahrhaft ſelbſtloſer, herzenswarmer Humanität ſteht eine Monſtranz mit dem rothen Kreuz!.. Jede Perle an dieſem Allerheiligſten ist eine getrocknete Thräne!.... Nun vielleicht war auch mir der unbezahlbare Vorzug beſchieden geweſen, eine ſolche Perle einzufügen!....

Se. Königliche Hoheit der — damalige — Kronprinz von Sachsen, unser erlauchter und geliebter Führer, dem unser ganzes Herz und Vertrauen gehörte, gestattete mir in den ersten Apriltagen nach Compiègne zu kommen, wo Höchstderselbe zur Zeit sechs Armeekorps unter seinem Befehl vereinigte. Der Kronprinz, der die Gewogenheit und Huld gehabt hatte, meinen kleinen Berichten über die Maas=Armee von Margency aus ein persönlich freundliches und gnädiges Interesse zu schenken, hatte jetzt die Gnade, mich mit den sichtbaren Zeichen seiner hohen Anerkennung zu entlassen und mich mit besonderen Auf=trägen an seinen erlauchten Vater, den König Johann von Sachsen, zu betrauen, die ich sofort in Dresden auszurichten die Ehre hatte . . .

Ich durfte zur Heimath, von der ich etwa 8 Monate ent=fernt war! Mein Herz, mein ganzes, volles Herz blieb bei meinen Freunden, bei meinen Kameraden in Frankreich zurück!! Meine Dankbarkeit ebenso! Meine Bewunderung wahrlich nicht zuletzt, — hatte ich doch genauer und detaillirter gesehen und erlebt, was diese unvergleichlichen Führer und Truppen geleistet hatten, als Tausende und Abertausende!! . . .

Mir ist, — ich möchte auch das zum Schluß nicht ver=schweigen — zuweilen, wenn auch in liebenswürdiger Form, der Vorwurf gemacht, resp. das Bedenken nahe gelegt, ob meine eigenartige Thätigkeit doch nicht lediglich „das Resultat einer gewissen elastischen Individualität gewesen sei, die mutatis mu-tandis auf Andere nicht zu schabloniren wäre . . . Die Eigenart dieses meines Vorgehens, die zuweilen gegen den Buchstaben des Reglements Front machen mußte und auch gemacht hatte, sei doch die Achillesferse meiner an sich ja treff=lichen Ideen, Vorschläge, Maßnahmen und Erfolge, die in den gegebenen Vorbedingungen zwar außerordentlich hoch anzu=schlagen seien u. s. w. u. s. w." So etwa lautet ein Brief eines, den Stufen des Thrones nahestehenden hohen Herrn!

Ich war so kühn, den Brief einst Kaiser Friedrich zu zeigen . . Er lächelte und — — drückte mir die Hand — — Nun, bei Gott, eine mich glücklicher machende Antwort konnten meine kühnsten Träume nie hoffen!! . .
Ich erkenne die Liebenswürdigkeit, mit der einer bitteren Mandel ein wohlschmeckender Zuckerguß von bureaukratischer Seite her gegeben wird, gewiß voll und ganz an. Aber ich weise jede Fragestellung eines „kritischen Bedenkens" in dieser Beziehung ebenso rückhaltslos zurück! . . .
Ich protestire gegen jedes getrocknete Lorberblättchen, das freundwillige Hand in mein Album pressen will! Ich habe nichts gethan als meine „verdammte Pflicht und Schuldigkeit!", und jeder einigermaßen energische Wille eines gesunden Mannes kann genau Dasselbe leisten! Die militärische Sanitätsordnung sei noch so peinlich bemessen, — immer wird der Elastizität des einzelnen Civilisten im Kriege ein weiter, ein nennenswerther Spielraum zur Entfaltung dieser oder jener speziellen Maßnahmen offen und erlaubt sein! . . Wenn sich solche als berechtigte Kettenglieder darstellen, dann wird man einen Unterparagraphen finden, oder periculis circumvenientibus machen, der ihnen die dienstliche Folie giebt. Und das ist die Hauptsache! . . Im Kriege wird das Feingefühl und die Kritik dafür „ob es Jemand um die Sache zu thun sei" sehr bald außerordentlich scharf erkannt, und wo die Blässe der Eitelkeit irgend einem Unterfangen unhaltbare, burschikose und dilettantische Pläne und Inscenesetzungen ankränkelt, da wird es mit der militärischen Gegenliebe sehr schnell zu Ende gehen! . .
Noch einer kurzen Apostrophirung sei das Wort gegönnt! . .

Wenn ich in dem Bestreben, einen Nachklang an jene großen, halbverklungenen Melodieen zu wecken und ihre Harmonie zu Jubiläumsklängen gewissermaßen neu zu beleben, meine für die Praxis der Bethätigung des „Rothen Kreuzes" in Kampf und Marsch versuchten Studien zuweilen hinter den

Coulissen jener gewaltigen Regie machte, in der wir mitwirkten, so darf das ihren bescheidenen Werth doch nicht beeinträchtigen... Im Gegentheil, sie dürfen vielleicht einen um so berechtigteren Anspruch auf eine gewisse practische Bedeutung, wenigstens auf die Berücksichtigung Derer erbitten, die ohne Voreingenommenheit vor solchen Fragen stille stehen, als sie aus unmittelbarster Anschauung und Thätigkeit resultiren und die Bereitwilligkeit der Geber immer als den Fels hinstellen, aus dem Wasser sprudeln soll. Das „Sesam, thu' dich auf" wird aber nimmer mit Reglements und Paragraphen gesprochen.... Da sind ganz andere Töne anzuschlagen.... Accorde, die vom Herzen kommen und zum Herzen strömen — jede andere Sprache bleibt da unverstanden, und ganz heimlich wollen wirs eingestehen, die kleinen Schwächen der Menschen, die ewige Beglaubigung von Mutter- und Schwesterliebe ... müssen als ein wohlberechtigter Factor mit im Exempel stehen! Doch das ist nur der Gesichtspunkt, wenn es trommelt! Vielleicht ist da eine gewisse Virtuosität am Platze, die mit Bewußtsein und mit dem ganzen Verständniß für ihr Risico und ihr mögliches Fiasko aus dem begrenzten Rahmen heraustritt und sich kalt lächelnd die Vorwürfe des burschikosen Vorgehens gefallen läßt ... wenn sie nur schließlich prosperirt! ..

Anders ist das im sonnenbeglänzten Frieden, nach der inneren Einkehr, in der kontemplativen Ruhe am altgewohnten Schreibtisch. Da wird die „angeborne Farbe der Entschließung von des Gedankens Blässe angekränkelt" und die Frage bedeutungsschwer, ob diese Form von Wagemuth in einer Art von Decentralisation, wie ich sie in Scene gesetzt, das Wesentliche, das Richtige sei? Mit dem bequemen: „facta loquuntur" ist da die Antwort nicht so brevi manu abgethan. In meinen Bildern stellt sich das „für" und „gegen" ziemlich schroff gegenüber. Aber der Werth der „fliegenden Depots" bleibt intact über aller und gegen alle Actenweisheit, als unbezweifelt fest bestehen! .. Ich vertrage da kein bureaukratisches Nörgeln und Bedenken und weiß ganz genau, wohin ich auch in Zukunft damit hinaus will!!

Der höchste Adel, der uns angeboren werden kann, das ist ein für fremde Leiden selbstlos hülfsbereites Herz!! ...

Wenn die Strahlen der hochstehenden Sonne nicht blos leuchten, nein, wenn sie wärmen, Gutes und Erhabenes reifen machen ... dann erst beuge ich mich ihnen! Vermögen sie das nicht, dann sind sie für mich nur „Decoration" und nicht von „Gottes Gnaden"!!

„Von Gottes Gnaden" und zwar in des Wortes edelster und herrlichster Tragweite war das Samariterthum der Kaiserin Augusta — sie schuf den „fliegenden Generalstab" der Frauen= Thätigkeit an der Central=Stelle im ganzen deutschen Gau durch ihr erhabenes Beispiel unentwegter Arbeit für die Truppen!..

Daß ich ein so imposant angelegtes und mit Gottes Hülfe segenspendend wirkendes Depôt für die „kämpfende Truppe" regissirte, das imponirte der edelen Fürstin und Frau, deren Angedenken uns heilig ist!... Ich weiß, daß sie mich nach dem Kriege wohl zehn Mal auf Momente aufmerksam machte, wie eine derartige Thätigkeit — bei der sie für meine jour= nalistische Hochstapelei in 20—30 Journalen während der Kriegs= zeit ein gnädig verzeihendes Lächeln hatte und mir wohl mit dem Finger drohte, wenn ich mal zu drastisch wurde — direct zu potemzieren sei. Die Kaiserin hatte jedesmal Recht — ihre Vorschläge waren das Resultat der Ueberlegung eines gottbe= gnadeten Herzens und Feingefühls, eines gradezu fabelhaften Tactes, da sie Aerzte und Soldaten psychologisch stets richtig beurtheilte und „die mobilisirte Armee der Humanität" als ihr höchstes Ideal im Herzen trug!!..

„Die mobilisirte Armee der Humanität", — d. h. die deutschen Frauen, sie werden allezeit und lediglich der Boden sein, in dem ein solides, lebensfähiges, mobiles Depôtwesen wurzeln kann. Das Frauen=Vereinswesen hat — Dank der Initiative und unermüdlichen Energie auch seiner neuen, erlauchten

Protectorin, der Deutschen Kaiserin-Königin — erst lange nach dem Kriege eine, seinem Werth und seiner Berechtigung gebührende Position erhalten, auch in diesen hochwichtigen Vorbereitungs- und Friedensarbeitsfragen tonangebend einzutreten! Möchten die deutschen, edelen und hochherzigen, treuen und selbstlosen Frauen diese Ehrenaufgabe stets heilig halten. Gilt ihr Erfolg doch Denen, die den heimischen Heerd — die Familie, das reinste und unentbehrlichste aller Erbengüter vertheidigen!

— Immer will und muß ich es wiederholen: die Standarten des „Rothen Kreuzes" hätten Monate lang schlaff an den Lazareththüren unserer Lagerstätten des Schmerzes daheim und im Felde gehangen, wenn nicht der belebende Odem der liebesfrischen Frauen-Arbeit sie durchströmt hätte! Denn nicht der zehnte Theil der Arbeit schlafloser Nächte, der Liebesgaben ersparter Groschen ist jemals journalisirt oder gebucht worden, und Niemand von uns hat an eine Anerkennung gedacht, die seiner aufopfernden Hingabe gebührte!! Unser Bewußtsein belohnte uns, und wir im Felde hatten den täglichen Dankesblick unserer „blauen Jungen", zu denen wir von Sieg zu Sieg mehr und mehr wahre Neigung faßten! Der selbstlose Schaffensdrang ist die duftigste Blüthe eines unverfälschten Patriotismus, der aus jeder Zeitungsnotiz, aus jeder Gefechtsdepesche, aus jedem Triumphes-Plakat neues Leben, neuen Sporn schöpfte zu neuer Anstrengung. Das berechtigte, statutarische Nebeneinander der Thätigkeit der mobilisirten Humanität der Männer neben der der Frauen ist ja erst ein Erfolg des 1870—71er Krieges, und man wird mir vielleicht ein Gefühl der „Genugthuung" verzeihen, wenn ich heute, nach fünfundzwanzig Jahren, das als Maximen predigen höre, was ich von Eau-bonne vor Paris aus schon vor fünfundzwanzig Jahren schrieb und drucken ließ!! ...

In solcher Friedensarbeit erstrebe ich nicht etwa eine ostensible Aufspeicherung von Depôt-Reichthümern, aber eine wohlgeordnete und wohlorganisirte Rüstkammer der erprobtesten

unserer Werkzeuge von der kleinen Flanellbinde an durch alle
die unbegrenzten Hülfsmittel, Maschinen und Apparate der
Chirurgie hindurch aufwärts bis zum sauber construirten Bahn=
waggon ... aber als Musterlager muß sie unbedingt dastehen!
Eine bis in's minutiöseste Detail vorbereitete Sichtung und
Sonderung für die schnell zu erledigenden Verpackungsfragen
muß vorher klar und einfach organisirt daliegen — eine gleich=
mäßige, Allen verständliche Norm ist die Lebensfrage — bogen=
lange Listen und Antworts=Vorlagen ermüden und verstimmen —
es müssen bestimmte, bindende Abschlüsse mit Fabriken, deren
Leistungsfähigkeit geprüft ist, vorliegen, die fraglos und zweifel=
los binnen so und so viel Tagen Tausende von Dutzenden jener
Depôtgegenstände liefern können und müssen, deren colossalen
Verbrauch wir in den Tagen unserer Bluttaufe gelernt haben...
Für Alles das würde ich einen eingehenden und streng dis=
ciplinirten Lehrkursus arbeitender Damen des „Rothen Kreuzes"
periodisch erwünscht erachten und im Austausch der Vereins=
berichte aus anderen Staaten ad hoc eine schöne und be=
lebende Beruhigung finden, daß uns kein Trommelwirbel jemals
überraschen kann!...

Meine Reminiscenzen gehen nicht zur Rüste — dürfte ich
nur, ich könnte sie zehn Mal pikanter gestalten, aber ich schreibe
wahrlich für kein Sensationsbedürfniß, sondern eine Art Herzens=
beichte — — so geht denn meine weitere Berechtigung auch zu
Rüste, für diese Skizzen dasjenige allgemeine Interesse zu er=
wecken, zu erbitten und ihrer ungekünstelten Frische den reinen
und unverfälschten Ton zu erhalten, von dem ich ein Echo im
neubelebten Gefühl Derer wachrufen möchte, die — gleich mir —
Zeugen jener unvergeßlichen Stunden und Thaten waren!
Möchten doch die Farben dieser großen, erinnerungsreichen
Zeit nicht so schnell verblassen! Wer weiß, wann edle und
reine Begeisterung die Herzen wieder so hoch klopfen macht und
die seltene und wunderprächtige Blüthe des wahren Patriotismus

und der wahren Humanität wieder zu einer so vollendeten Frucht
reift! . . . .

„Wir aber, wir mit grauem Bart und Haaren,
Wir blicken stolz empor, wenn Einer fragt:
„Gedenkst Du, Freund, an Kaiser Wilhelm's Schaaren?
Ich war dabei!! Wir habens mitgemacht!" . . .

. . . Meine bescheidenen Erinnerungsblätter aber widme ich Euch,
Ihr meine geliebten und unvergessenen Kameraden von 1870/71,
Euch Allen, vom letzten Trainsoldaten beim Wagenpark auf=
wärts bis zum deutschen Fürsten, der sich mit mir vor die
Lagerstätten des Schmerzes hinkniete, half, labte, tröstete und
seine solcher Arbeit ungewohnte Hand dazu bot, dem mühseligen
Eingreifen der ärztlichen Wissenschaft nützlich zu sein! Wenn
alle Reglements aufhörten, all' das Paragraphenwesen Zunder
und Plunder ward; wenn der Tod seine grausen Feste feierte,
wie bei Vionville, Marie aux Chênes, Gravelotte, Beaumont
und Sedan — ich rede nur vom Selbsterlebten — wenn alle
Organisation zerreißt, der Actenbuchstabe, selbst das Gebot der
Kriegsartikel einen Moment unleserlich wird vom Blut, vom
Hunger, vom Schmerz, die das Echo der Moselwälder wach=
riefen, — — da waren wir, die Anfangs achselzuckend bekrittelten
„Liebes=Onkel", die unentbehrlichen Bindeglieder der im Feuer
der Humanität als eitel Gold geschmiedeten Kette der Liebe, der
Hülfe, des unverfälschten deutschen Ehrgefühls und Fein=
gefühls!! . . . . Als man mich mit dem „eisernen Kreuze"
schmückte, habe ich nur ein Gefühl gehabt, das will ich be=
schwören, nämlich das: „daß mein letzter, opferwilliger Kranken=
träger es genau ebenso verdiente, als ich!" . . . Ehre jedem
Einzelnen über und unter dem Rasen!!

Ehre vor Allem unsern unvergleichlichen Führern! In der
Maas=Armee ward die Liebe und die Begeisterung für den
Kronprinzen von Sachsen eine von Tag zu Tage herzlichere und
intimere. Wer das bevorzugte Glück hatte, in der unmittelbaren

Nähe dieses Fürsten wirken zu können, der war voll Enthusiasmus für den Menschen, den Oberbefehlshaber und des erlauchten Herrn herzenswarme Liebenswürdigkeit in Margency wird Allen, die dort um ihn versammelt sein durften, ein reiner, entzückender Lichtblick in die Kriegserinnerungen sein!! ...

In Zeiten eines solchen Krieges lebt wohl Jeder zwei Leben durch! Um uns wogt und pulsirt der Anspruch an unsre Arbeit in rasendem Tempo, in athemloser Jagd! Täglich hauchte er uns an, der unerbittliche Sensenmann, dessen Ernte in vollen Garben stand! Da heißt's Nerven haben, elastisch=stählerne Nerven und die Wucht der überstürzenden Ereignisse nicht mit dem Secirmesser eines sentimentalen Stubenhockers, nein, mit dem voll und ganz eintretenden Selbst, mit „gegebenen" und „benannten" Zahlen rechnend, zu beherrschen, — nicht mit Idealen, nicht mit Paragraphen=Weisheit vom grünen Tisch, nicht mit kleingeistiger Zimperlichkeit....

Vertrauen haben — zunächst zu Gott und den Führern —, Vertrauen erwerben, Vertrauen bringen ... das ist die heilige Dreiheit eines freiwilligen Civilisten auf dem Kriegspfade!!

In hoc signo vincet!!